# COMO LIDAR COM MENTES A MIL POR HORA

### NOTA DOS EDITORES

Este livro contém as opiniões e ideias do autor. Seu objetivo é fornecer material útil e informativo sobre os assuntos abordados. Nem o autor nem os editores pretendem, por meio dele, oferecer serviços profissionais nas áreas de medicina e psiquiatria ou em qualquer outro campo. O leitor deve recorrer a um profissional especializado e qualificado, caso julgue necessitar de ajuda médica ou de outro tipo de orientação na área de saúde.

Com *Como lidar com mentes a mil por hora*, desejamos prestar mais uma colaboração para a melhoria da qualidade de vida de nossos leitores. No entanto, nos eximimos de toda e qualquer responsabilidade por prejuízos e riscos, pessoais ou não, que decorram direta ou indiretamente do uso ou da aplicação das informações aqui apresentadas.

### CARO LEITOR,

Queremos saber sua opinião sobre nossos livros.
Após a leitura, curta-nos no facebook.com/editoragentebr,
siga-nos no Twitter @EditoraGente,
no Instagram @editoragente
e visite-nos no site www.editoragente.com.br.
Cadastre-se e contribua com sugestões, críticas ou elogios.

DR. CLAY BRITES

# COMO LIDAR COM MENTES A MIL POR HORA

Entenda o TDAH de uma vez por todas e
descubra como mentes hiperativas e desatentas
podem ter uma vida bem-sucedida

**Diretora**
Rosely Boschini

**Gerente Editorial**
Rosângela de Araujo Pinheiro Barbosa

**Editor Assistente**
Alexandre Nuns

**Assistente Editorial**
Rafaella Carrilho

**Produção Gráfica**
Fábio Esteves

**Preparação**
Amanda Oliveira

**Capa**
Karina Groschitz

**Projeto gráfico e diagramação**
Renata Zucchini

**Revisão**
Wélida Muniz

**Impressão**
Gráfica Terrapack

Copyright © 2021 by dr. Clay Brites
Todos os direitos desta edição
são reservados à Editora Gente.
Rua Rua Natingui, 379 – Vila Madalena
São Paulo-SP– CEP 05443-000
Telefone: (11) 3670-2500
Site: www.editoragente.com.br
E-mail: gente@editoragente.com.br

Dados Internacionais de Catalogação na Publicação (CIP)
Angélica Ilacqua CRB-8/7057

Brites, Clay
   Como lidar com mentes a mil por hora : entenda o TDAH de uma vez por todas e descubra como mentes hiperativas e desatentas podem ter uma vida bem-sucedida / Clay Brites. - São Paulo : Editora Gente, 2021.
   192 p.

ISBN 978-65-5544-149-9

1. Crianças com déficit de atenção e hiperatividade 2. Crianças com déficit de atenção e hiperatividade - Qualidade de vida I. Título

21-3485                                        CDD 618.928589

Índices para catálogo sistemático:
1. Distúrbio do déficit de atenção com hiperatividade

## NOTA DA PUBLISHER

Neuropediatra e com larga experiência em atendimento a pacientes com o transtorno de déficit de atenção com hiperatividade (TDAH), dr. Clay Brites me impressionou desde nossa primeira conversa. Pela missão tão nobre que ele e a Luciana Brites assumiram – dentro do Instituto Neurosaber – como sua bandeira de vida: traduzir para uma linguagem simples as contribuições da ciência sobre neuroaprendizagem e desenvolvimento infantil, e tudo com aplicabilidade prática.

Por isso, tenho muito orgulho e alegria em apresentar seu quarto livro focado em uma das condições mais comuns que existem: o TDAH. Muitos pais e mães acham que o filho é desatento, quando na verdade ele tem um distúrbio que ainda não foi diagnosticado.

Em *Como lidar com mentes a mil por hora*, dr. Clay aborda a importância de ter um diagnóstico correto para adoção das medidas adequadas, algo que vai libertar todos os envolvidos de uma rotina cansativa e estressante em virtude dos conflitos diários ocasionados pelo desconhecimento do problema que está por trás dos comportamentos da criança ou adolescente – transformando a condição em um diferencial.

Com o objetivo de melhorar a qualidade de vida e o relacionamento das famílias, é uma honra poder publicar este livro, que vai contribuir para que haja mais harmonia nas famílias nas quais algum de seus membros é portador de TDAH.

Acredite, a leitura deste livro pode ser o começo de uma nova vida para todos. Boa leitura!

Rosely Boschini – CEO e publisher da Editora Gente

Dedico este livro aos pais e cuidadores de crianças e adolescentes que confiaram e confiam em meu trabalho seja na hora de seguir minhas prescrições seja na hora de ouvir e cumprir minhas recomendações e condutas profissionais. Saibam que este livro sintetiza 22 anos de estudos e atualizações constantes a serviço das melhores contribuições que um médico pode proporcionar aos seus pacientes e suas famílias.

Agradeço a Deus, em primeiro lugar, por mais este trabalho que servirá para promover qualidade de vida e proporcionar o máximo de felicidade para as famílias. Sem Ele, absolutamente nada seria!

Agradeço à minha esposa e amiga Luciana por sempre me incentivar e fazer os meus dias melhores e por me ajudar a atingir o ponto a que cheguei em minha carreira. Aos meus filhos, por representarem o que há de melhor em mim e por me ajudarem a ser o melhor pai que posso e tento ser todos os dias. Amo-os profundamente!

Aos meus pais, a quem devo honrar e respeitar sempre!

Aos meus formadores e orientadores que, desde a escola até meu doutorado, lapidaram o que foi necessário para que eu atingisse o potencial que nem mesmo eu imaginava possuir.

# SUMÁRIO

**13**
PREFÁCIO

**18**
INTRODUÇÃO
Entenda o TDAH de uma vez por todas

**26**
CAPÍTULO 1
O que há de errado com nossos filhos?

**36**
CAPÍTULO 2
Desinformação, nossa inimiga maior

**50**
CAPÍTULO 3
Entender para avançar: história e caminhos do TDAH

**64**
CAPÍTULO 4
Entenda como o cérebro funciona no TDAH

**78**
CAPÍTULO 5
Meios de identificar o TDAH

**98**
CAPÍTULO 6
O que fazer depois do diagnóstico?

**120**
CAPÍTULO 7
Meios de tratamento baseado em evidências científicas

**132**
CAPÍTULO 8
Inclusão na escola

**148**
CAPÍTULO 9
TDAH em adultos

**162**
CAPÍTULO 10
Direitos da criança e do jovem com TDAH

**168**
CAPÍTULO 11
Como alguém com TDAH chegou a ser médico e fazer doutorado?

**180**
CAPÍTULO 12
Quem tem TDAH pode ser uma pessoa satisfeita com a vida!

# PREFÁCIO[1]

O Transtorno de Déficit de Atenção com Hiperatividade (TDAH) é uma síndrome complexa tanto na ausência de um tratamento em sua expressão, idade de início do transtorno, heterogeneidade na disfunção observada nos indivíduos, gravidade/recuperação flutuante quanto na ausência de um tratamento eficaz para cura-lá.

Dadas essas complicações, é compreensível que família e professores tenham considerável dificuldade em lidar com o TDAH em seus filhos, parceiros ou alunos. Pais e professores precisam ser devidamente informados sobre o que a ciência nos diz do transtorno. Não é uma tarefa fácil, uma vez que o TDAH, ao contrário de muitas outras condições, não se mantém estável com o desenvolvimento da criança e do adolescente até a idade adulta. Além disso, pesquisas recentes mostraram que podem ocorrer casos *de novo*, nos quais indivíduos que não tiveram o transtorno na infância apresentam sintomas na idade adulta; e que o TDAH na infância, embora tenha gravidade reduzida – no que diz respeito ao número de sintomas – na idade adulta, continuam a manifestar comportamentos emocional e sociopatológico significativos.

Com isso em mente, transmitir o conhecimento atual do que se entende por TDAH é uma tarefa educativa enorme. Este livro reflete uma resposta a esse árduo desafio. As descobertas neurocientíficas são descritas e colocam o transtorno no quadro de uma concepção neurológica-comportamental de TDAH. Os desafios para o campo incluem as mesmas dificuldades apresentadas na pesquisa neurocientífica pura e em outras condições clínicas. Para dar dois exemplos simples: mesmo que a pesquisa genética sobre o TDAH esteja ficando robusta, o conjunto de genes envolvidos no transtorno ainda não foi identificado. Um outro exemplo é que os estudos de neuroimagens

---

[1] Este prefácio foi escrito originalmente em inglês e tem tradução livre de Clay Brites. O texto original está na página 15. [N.E.]

mostraram diferenças na estrutura, funcionamento e desenvolvimento do cérebro, mas, quando os estudos estruturais do cérebro são adicionados, as diferenças entre os indivíduos com TDAH e os que apresentam desenvolvimento regular tornam-se pequenas e clinicamente inúteis.

Os problemas de autorregulação emocional, embora há muito reconhecidos como sendo parte inerente do TDAH, mostraram que há claras sobreposições entre TDAH, autismo, ansiedade e transtornos depressivos, bem como comportamentos agressivos. O fato tem forçado os terapeutas a revisarem as estratégias de tratamento para crianças e adultos com TDAH, em vez de optarem por uma abordagem monoterapêutica tradicional. Conflitos familiares foram identificados como um fator chave para o sucesso do tratamento e na natureza de como o TDAH é expresso. Este livro contribui para a conscientização dessas questões, uma vez que tanto o processamento cognitivo quanto o emocional dependem, em parte, do esforço e do controle empregado pelo indivíduo.

Colocar essas questões em perspectiva é uma tarefa importante e requer um amplo conhecimento da área e também a capacidade de reconhecer as limitações e desafios que os pesquisadores clínicos enfrentam. Este livro oferece uma forte contribuição para esse processo.

**Dr. Joseph A. Sergeant**
PROFESSOR EMÉRITO DE NEUROPSICOLOGIA CLÍNICA DA VRIJE UNIVERSITEIT, AMSTERDAM, PAÍSES BAIXOS. FUNDADOR E COORDENADOR DA EUROPEAN ADHD GUIDELINES GROUP (EAGG) E PUBLICOU MAIS DE 250 ARTIGOS CIENTÍFICOS RELEVANTES SOBRE TDAH.

# PREFACE

Attention Deficit Hyperactivity Disorder (ADHD) is a complex syndrome both in its expression, age of onset of the disorder, heterogeneity in observed dysfunction in individuals, fluctuating severity/recovery and absence of an effective treatment to cure the disorder.

Given these complications, it is quite understandable that parents and teachers have considerable difficulty in getting to grips with ADHD in their child or partner. Parents and teachers need to be properly informed of what science tells us about the disorder. That is no easy task, since ADHD, unlike many other conditions, does not remain stable with the development of the child and adolescent into adulthood. In addition, recent research has shown that there can occur "de novo" cases (individuals who in childhood did not have the disorder but exhibit it in adulthood) and that childhood ADHD, while showing reduction in severity (number of symptoms) in adulthood continue to have significant emotional and socio-pathological behaviour.

With this in mind, communicating the current knowledge of what ADHD appears to be is huge educational task. This book reflects a response to this strong challenge. Neuroscientific findings are described and places the disorder clearly in the frame of a behavioural-neurological conception of ADHD. The challenges to the field include, for example, the same difficulties shown in pure neuroscientific research and in other clinical conditions. To give two simple examples: while genetic research is becoming robust in ADHD, the set of genes involved in the disorder are not yet identified. A second example is that brain imaging studies have shown differences in the brain structure, functioning and development but when structural brain studies are placed in one basket, the differences between ADHD and normally developing individuals become small and clinically not useful.

Emotional dysfunctioning, while long recognized to be an inherent part of ADHD, has shown that there are clear overlaps between ADHD, autism, anxiety and depressive disorders, as well as aggression. This has forced therapists to revise treatment strategies for both children and adults with ADHD, rather than a traditional mono-therapeutic approach. Family strife has been identified as a key factor in success of treatment and the nature of how ADHD is expressed. This book contributes to the awareness of these issues, since both cognitive and emotional processing are, in part, dependent on the effort and control deployed by the individual.

Putting these issues into perspective is a major undertaking and requires a broad knowledge of the area and an ability to recognize the limitations and challenges facing clinical researchers. This book makes a strong contribution to this process.

Dr. Joseph A. Sergeant

EMERITUS PROFESSOR OF CLINICAL NEUROPSICHOLOGY OF VRIJE UNIVERSITEIT, AMSTERDAM, THE NETHERLANDS. HE FOUNDED AND MANAGED THE EUROPEAN ADHD GUIDELINES GROUP (EAGG) AND PUBLISHED MORE THAN 250 RELEVANT SCIENTIFIC ARTICLES ABOUT ADHD.

# INTRODUÇÃO

# Entenda o TDAH de uma vez por todas

Ainda não é possível resolver todos os sofrimentos do mundo, mas já conseguimos atenuar muitos deles. Este livro carrega a esperança de minimizar uma situação que atinge entre 5% e 6% da população mundial infantil e entre 2% e 3% da adulta.[2] Muita gente, não é verdade? São pessoas que vivem com o Transtorno do Déficit de Atenção com Hiperatividade, o TDAH, e nem sempre sabem disso. Pior, uma boa parte tende a passar a vida sem saber, porque há uma série de mitos em volta do transtorno, além de um alto índice de desconhecimento do diagnóstico entre educadores e até mesmo entre profissionais da saúde.[3]

[2] POLANCZYK, G. *et al.* The Worldwide Prevalence of ADHD: A Systematic Review and Metaregression Analysis. **Am J Psychiatry**, v. 164, n. 6, p. 942-8, 2007. Disponível em: https://doi.org/10.1176/ajp.2007.164.6.942. Acesso em: 15 ago. 2021. e FAYYAD, J. *et al.* The Descriptive Epidemiology of DSM-IV Adult ADHD in the World Health Organization World Mental Health Surveys. **Atten Defic Hyperact Disord,** v. 9, n. 1, p. 47-65, 2017. Disponível em: https://doi.org/10.1007/s12402-016-0208-3. Acesso em: 15 ago. 2021.

[3] DUPAUL, G.; STONER, G. **TDAH nas escolas:** estratégias de avaliação e intervenção. São Paulo: M.Books, 2007.

O TDAH é uma alteração de neurodesenvolvimento caracterizada por uma excessiva dificuldade em iniciar, manter e direcionar a atenção durante as atividades do cotidiano. Quando falamos em todo e qualquer problema de neurodesenvolvimento, sabe-se que ele se inicia nos primeiros anos de vida do indivíduo e leva a atrasos ou desvios nas mais diversas áreas do desenvolvimento, como por exemplo nas habilidades motoras, na autorregulação cognitiva e emocional, na linguagem, na capacidade adaptativa e na interação social.

Apesar de vivermos em plena era da tecnologia e acompanharmos diariamente os avanços nas pesquisas genéticas e moleculares, ainda engatinhamos no reconhecimento de transtornos que levam a problemas de comportamento e de desenvolvimento, como é o caso do TDAH. Um paradoxo cruel, entre tantos que existem.

Em mais de vinte anos atendendo pacientes com esses transtornos – e eu sendo um deles –, percebo que muitas pessoas não compreendem que existam distúrbios e alterações reais não detectadas em exames de sangue ou de imagem. Testes negativos de laboratório não significam absolutamente nada quando estamos investigando condições que afetam o comportamento.

Tampouco é questão de aparência. Não é raro encontrarmos pessoas muito inteligentes e de grande potencial que sofrem ao sentir que não conseguem cumprir ações rotineiras. Isso acontece porque, na maioria dos casos, o TDAH tem a ver com o funcionamento da mente de uma forma geral, não com um problema estrutural do cérebro como órgão do corpo.

A falta desse entendimento resulta em prejuízos na vida dessas pessoas, predominantemente jovens, e de quem vive com elas, revelando-se em problemas na aprendizagem escolar e nos relacionamentos sociais.

> **É espantoso ainda ver nas redes sociais, ou em conversas de consultório com pais e cuidadores, os mitos inacreditáveis, o desconhecimento, as opiniões amadoras e o negacionismo gritante sobre o TDAH.**

Se tal desconhecimento estivesse restrito aos pais, cuidadores e leigos seria compreensível. Mas vemos profissionais de educação e de saúde – médicos ou não – com informações desencontradas e preconceitos injustificáveis, atitudes que nutrem ainda mais os medos e as hesitações de como investigar e tratar o transtorno.

Este livro vem contribuir para preencher esta lacuna de informações. O objetivo principal é esclarecer, de uma vez por todas, o que é o TDAH – na mesma linha de outras obras que escrevi, em coautoria, para explicar o Autismo e o Transtorno Opositivo Desafiador (TOD).[4] Nosso público merece e precisa saber como suspeitar, identificar, entender como funciona e como tratar crianças, adolescentes e adultos com TDAH.

A literatura médica já contempla uma infinidade de dados históricos, epidemiológicos, clínicos, genéticos, neurocientíficos, psicológicos e psiquiátricos que comprovam e detalham o assunto, formando um quadro consolidado de descobertas e evidências sobre o TDAH tão ou mais sólidas que as evidências da hipertensão arterial ou da diabetes.

## CULPA E ESTRESSE

Pesquisas mostram que pais de crianças com TDAH têm maior nível de estresse do que os pais de crianças com asma.[5] Isso acontece porque crianças com a síndrome comumente sofrem acidentes, enfrentam dificuldades e até reprovações na escola; são excluídas de círculos de amizades, sentem imenso desamparo, além de terem problemas alimentares e de sono em frequência maior do que crianças sem TDAH. Como alguém ainda pode achar que TDAH não existe? Ou pior, dizer que é uma invenção de médicos tendenciosos?

---

[4] BRITES, L.; BRITES, C. **Crianças desafiadoras:** aprenda como identificar, tratar e contribuir de maneira positiva com crianças que têm Transtorno Opositivo-Desafiador. São Paulo: Gente, 2019.

[5] LEITCH, S. *et al.* Experience of Stress in Parents of Children With ADHD: A Qualitative Study. **Int J Qual Stud Health Well-being**, v. 14, 1690091, 2019. Disponível em: https://doi.org/10.1080/17482631.2019.1690091. Acesso em: 15 ago. 2021.

Muitos pais chegam ao meu consultório se culpando, pois acham que os problemas da filha ou do filho vêm de algum tipo de erro que cometeram na educação deles. Estas páginas pretendem ser uma oportunidade desses cuidadores reencontrarem paz de espírito.

Quando eu era mais novo – na década de 1980 –, achava que era lerdo, desastrado, lento para perceber as coisas ao meu redor, que tinha pouca memória. Era constantemente tachado de *esquecido* por amigos, professores e familiares.

> **Minha mãe com frequência parecia não confiar em mim, recorrendo aos meus irmãos mais novos para solicitar deveres mais práticos. Eu me sentia muito mal, me sentia "burro". Quantas pessoas ainda hoje sofrem com esse tipo de situação?**

Quantas pessoas ainda acham que determinadas limitações, falhas frequentes, perdas constantes de objetos ou esquecimento de compromissos são puramente culpa de suas decisões ou vontades? Quantas sofrem sem perceber que problemas biológicos podem também impedir o pleno funcionamento do nosso cérebro, dificultando a realização das tarefas mais simples e cotidianas?

Ninguém é igual a ninguém! As diferenças naturais entre as pessoas fazem com que os resultados de nossas ações variem muito, assim como são diversas nossas potencialidades. Agora imagine isso quando se tem TDAH desde a infância, passando pelas mudanças da adolescência e persistindo na fase adulta. Por quantas experiências essas pessoas passaram sem cumprir o básico em cada fase da vida, crescendo sem desenvolver algumas habilidades fundamentais por não conseguirem prestar atenção suficiente?

Como na grande maioria dos casos o TDAH chega à fase adulta e os prejuízos externos (que afetam o dia a dia) e internos (que afetam o emocional) levam a um aumento da vulnerabilidade do indivíduo, que sofre mais quando criança, continua mal na adolescência e chega destituído, emocional e fisicamente, na vida adulta. São imensos – e ainda incalculáveis – os custos do TDAH à vida individual e social, e também ao sistema de saúde. Hoje já existem dados de economia de saúde[6] que nos auxiliam a avaliar melhor a demanda pelos tratamentos médicos e não médicos – como o de profissionais da psicologia, fonoaudiologia, pedagogia, terapia ocupacional e fisioterapia –, e que também são de grande ajuda na hora de contratarmos empresas de seguro.

Há relatos dos comportamentos que hoje configuram o diagnóstico do TDAH em obras infantis e documentos de instituições pioneiras desde o final do século XVIII, mas o conceito do TDAH somente foi consolidado nos últimos cinquenta anos, e com maior ênfase na infância e na adolescência. Entretanto, dois amplos e reconhecidos estudos populacionais realizados mais recentemente, como o UMASS e o Milwaukee,[7] revelaram que as consequências do TDAH nos adultos também podem ser muito comprometedoras: aumento nos índices de desemprego, acidentes, comportamento criminoso, problemas com a justiça, pagamento recorrente de honorários a advogados, penas de prisão e outros tipos de sentenças, envolvimento com entorpecentes e crises que culminam em separação conjugal.

## AÇÃO

Preocupado com a negligência reinante em alguns segmentos essenciais para diagnóstico e tratamento do transtorno, em maio de 2015 criei, em parceria com Luciana Brites e junto ao Instituto Neurosaber, um amplo programa de treinamento sobre o TDAH. Durante a nossa estadia em Glasgow, Reino Unido, para um congresso internacional de TDAH, varamos madrugadas gravando e estruturando módulos, e o programa foi um sucesso. Ajudou a formar mais de cinco mil

---

[6] MATZA, L. *et al.* A review of the Economic Burden of ADHD. **Cost Eff Resour Alloc**, v. 3, n. 5, 2005. Disponível em: https://www.ncbi.nlm.nih.gov/pmc/articles/PMC1180839/. Acesso em: 5 ago. 2021.
[7] Estudos mais aprofundados sobre o TDAH em adultos que serão detalhados no Capítulo 3.

pessoas, entre profissionais de saúde e de educação, pais, gestores, médicos etc. A iniciativa ajudou a quebrar estereótipos, estimulando as melhores abordagens de tratamentos. O conteúdo se revelou claro, didático e aplicável. O retorno dado pelo público na época me fez entender que, até aquele momento, faltava clareza e objetividade na veiculação de informações sobre o tema. Muitos médicos comentaram que inexistia conteúdo tão aprofundado na graduação e até na pós-graduação.

Atualmente, várias organizações nacionais e internacionais, entre elas a própria Organização Mundial da Saúde (OMS), a Attention Deficit Hyperactivity Disorder (ADHDWF) e a European Network for Hyperkinetic Disorders (Eunethydis) já reconhecem o TDAH e seu impacto social. Desde os anos 1990 essas entidades vêm preconizando esclarecimentos e meios mais práticos de identificação e de tratamento do TDAH. Países como Canadá, Estados Unidos, Austrália, Reino Unido e também a União Europeia têm, em seus governos, secretarias e protocolos especializados em orientar os serviços de saúde e os gestores e professores da rede de ensino a como proceder com essas crianças e esses adolescentes.

A Organização Mundial de Saúde, a Academia Americana de Psiquiatria (APA), a Academia Americana de Pediatria (AAP) e diversas outras associações congêneres, além daquelas específicas sobre TDAH, têm desempenhado papel semelhante em vários países.

**Infelizmente, o Brasil ainda carece de dados mais amplos sobre o TDAH e sequer existem protocolos e políticas públicas para diagnóstico e tratamento no país.**

Fora do circuito de especialistas, poucos são os médicos e profissionais que sequer suspeitam de um possível diagnóstico e que sabem como conduzir esses pacientes. Professores, por exemplo, podem ser os primeiros a perceber que uma criança tem TDAH, pois os sinais mais evidentes e contundentes podem ser percebidos em sala de aula. Basta a orientação correta.

A intenção de escrever este livro surgiu da vontade de materializar o conhecimento sobre TDAH com as devidas atualizações e amplificar determinados temas relacionados ao assunto que merecem maior atenção. Registrados dessa forma, podem servir para consultas imediatas e para o esclarecimento das futuras gerações. A obra é voltada a todos que, direta ou indiretamente, precisam conhecer melhor o tema: pais, cuidadores, profissionais de saúde e de educação, gestores públicos e privados. Garanto: está devidamente blindado contra as fake news.

Fui estimulado pela Luciana Brites, minha esposa e parceira de conhecimentos, a pôr esses estudos no papel, o que considerei uma ideia brilhante – típico dela, aliás. Um livro permite não somente descrever o que é necessário de maneira mais ampla e detalhada, como também auxilia na missão de materializar as características fundamentais sobre o que nos afeta acerca do TDAH, que assume formas diferentes de pessoa para pessoa, com efeitos diversos de família para família.

Vamos abordar os temas mais importantes: como perceber e identificar o TDAH, qual seu impacto diário, como minimizar as dificuldades, ver as peculiaridades no dia a dia, quais são os meios diagnósticos, as abordagens terapêuticas baseadas em ciência e, enfim, falar também de TDAH nos adultos, com estratégias para enfrentá-lo. Minimizar esses sofrimentos está sim ao nosso alcance a partir de agora.

# CAPÍTULO 1

## O que há de errado com nossos filhos?

Perceber um problema em determinada população costuma exigir um alto grau de conhecimento, ou seja, é necessária uma visão especialista que o estude de forma multifatorial e multidisciplinar, além de perspicácia na observação das manifestações e dos comportamentos. Mas, com o tema que estamos tratando, muitas vezes, basta vivê-lo na pele ou ser atingido por ele todos os dias. Se nos consultórios clínicos e neuropsiquiátricos o caso aparece com frequência e é mais nítido, na população em geral é diluído e disseminado. No ambiente familiar, nas escolas e em meio aos profissionais não médicos, o transtorno espreita, sozinho ou em companhia de outras condições.

Bem, o problema que discutiremos aqui é chamado de Transtorno do Déficit de Atenção com Hiperatividade (TDAH). Para muitos, pode parecer que não existe, mas é considerado uma condição médica comprovada e com protocolos de atendimento bem definidos. Infelizmente, seus sinais podem ser sutis demais e se misturar com imperfeições comuns do cotidiano, o que dificulta o diagnóstico.

Veja a história da Ana, de 12 anos. Ela se achava diferente das demais crianças, não entendia por que esquecia tanto das coisas comuns que precisava lembrar para o dia a dia. Sempre que vinham informações novas, ela entrava em pânico, pois achava que não daria conta, que se perderia no meio do caminho e o resultado seria o de sempre: insegurança, novos pedidos de ajuda e o drama de fazer de conta que tudo deu certo – até alguém descobrir as irregularidades que tinham ficado para trás.

**Como era tímida e demorava muito para se manifestar no meio das pessoas, Ana chorava, inconformada e muitas vezes revoltada, sem entender o que estava acontecendo.**

Na escola, as matérias passavam e o conteúdo não se fixava na sua mente. Lenta, desorganizada, não terminava nada a tempo, não concluía muitas das atividades. Ao interpretar ou tentar associar as ideias, não enxergava detalhes e novamente errava.

Esse era um traço de comportamento de Ana relativamente comum e já aceito, podendo passar despercebido para boa parte das pessoas, mas para sua professora parecia algo preocupante. Chamou os pais e sugeriu que a menina poderia ter uma anormalidade cognitiva. Descrentes, os responsáveis procuraram um especialista e confirmou-se o que na escola se suspeitava: Ana tinha TDAH.

## DÚVIDAS E FANTASMAS

Professores e pais comungam um sentimento: enquanto não descobrem o que acontece com o filho/aluno, têm a impressão de que são culpados. *O que faltou em minhas aulas para ele não conseguir deslanchar? Onde falhei na minha didática? Será que não estou ajudando minha filha o suficiente em casa? Se meu filho não tem quaisquer anomalias na visão e na audição, só pode ser preguiça mesmo, não criei direito!* Imaginar que é apenas uma fase também é uma atitude natural, especialmente quando a criança não tem um comportamento hiperativo e não incomoda ninguém.

> **Na verdade, os profissionais de educação e saúde ainda se sentem perdidos quanto ao TDAH. Não aprenderam, durante a graduação, a identificar essas crianças e não sabem como lidar com esses casos em seu dia a dia.**

Se formos até as ementas das faculdades de pedagogia, fonoaudiologia, psicologia e até de medicina, não vamos encontrar em quaisquer disciplinas o termo "déficit de atenção". Com essa lacuna na formação, ao se graduarem, os profissionais não conseguem enxergar, durante a avaliação de uma criança com dificuldades na aprendizagem, a possibilidade desse diagnóstico.

Apesar da literatura mostrar os efeitos negativos do TDAH na linguagem, no comportamento, na vida afetiva e emocional do indivíduo, parece que as universidades e os gestores responsáveis deixaram em segundo plano o acréscimo do conhecimento sobre o TDAH na construção acadêmica e clínica de seus futuros formandos. Isso explica em grande parte o atraso no diagnóstico: a negligência em colocar o transtorno como assunto primordial a ser abordado na formação de clínicos e educadores, a ausência do TDAH em programas oficiais dos ministérios da Educação e da Saúde; inexistência de políticas públicas específicas, além da falta de divulgação na mídia e em campanhas de conscientização. E isso agrava ainda mais o problema.

Uma vez, eu estava dando uma palestra sobre TDAH a convite de um município e, em determinado momento, um professor se levantou e me questionou: "TDAH existe mesmo? Recentemente, o MEC lançou uma

> **Muitos burocratas do meio político e dos ministérios afins ainda resistem em reconhecer o TDAH** e, por muito tempo, ainda achavam que era uma doença inventada pela medicina.

campanha sobre saúde na escola e no cartaz tinha crianças em cadeira de rodas, usando óculos, aparelho auditivo, mas não vi naquele veículo uma criança com TDAH, doutor". Isso mesmo! A campanha não expunha nada que lembrasse do TDAH.

Muitas vezes fui hostilizado por professores universitários, profissionais de saúde e políticos locais que insistiam nessa visão antiga e desmereciam minha prescrição, alegando que eu estava a serviço das indústrias farmacêuticas e queria dopar as crianças.

Se nos meios acadêmicos e especializados essas informações – ou melhor, desinformações – se disseminam e envenenam opiniões, imagine entre os pais, educadores e adolescentes que são menos informados.

Muitos pais justificavam que ficaram por muitos anos sem buscar tratamento para os filhos por receio destes sofrerem preconceitos e por se sentirem constrangidos com a ideia de expor o diagnóstico e utilizarem medicações em crianças.

Na área médica, são muito comuns os mitos, comentários desencontrados, bochichos e boatos infundados sobre transtornos que afetam o comportamento. Por esses e outros motivos, muitos pais nem querem pensar que o filho ou filha pode ter algum transtorno, resistindo ao máximo buscar ajuda especializada.

Entre os professores, o receio está em receber críticas ou censura de gestores e colegas da escola ao aventar a possibilidade de uma criança precisar de ajuda especializada. Os comentários podem chegar a este impropério: "a criança tem baixo rendimento porque você, caro mestre, não está dando seu melhor, sua didática é ruim, sua aula é chata e monótona".

**TESTES NEGATIVOS DE LABORATÓRIO NÃO SIGNIFICAM ABSOLUTAMENTE NADA QUANDO ESTAMOS INVESTIGANDO CONDIÇÕES QUE AFETAM O COMPORTAMENTO.**

# CAMPANHA DO CONTRA

Até pouco tempo atrás, grupos de pesquisadores de áreas ligadas à pediatria social escreviam livros e artigos, faziam várias incursões por universidades públicas e privadas, em palestras e fóruns, questionando a veracidade da existência do TDAH, relatando que a educação brasileira estava sendo *patologizada* e *medicalizada*, e qualquer aluno com dificuldade seria assim *condicionado* artificialmente a melhorar sua atenção.

Eles afirmaram que, na realidade, as crianças "desatentas" seriam sempre resultado da má qualidade das ações da escola, de uma didática pobre, e nunca parte de um processo procedente de uma condição médica.[8] Esses movimentos não ofereceram ao público qualquer evidência científica para comprovar suas hipóteses. Basearam a teoria apenas com dados do aumento do consumo de metilfenidato – a famosa Ritalina – na rede farmacêutica e na dispensação pública de medicamentos em um determinado período da década passada.

A divulgação dessas teorias e dos dados erroneamente interpretados por esses professores/doutores – e, como consequência, os educadores influenciados por eles – desencadeou abandonos de tratamentos medicamentosos, negação, problemas de harmonia familiar, descontinuação de muitos acompanhamentos médicos e protestos de seguidores na frente de eventos relacionados ao tema.

Entretanto, muitos pais e professores se perguntavam: *Se o TDAH não existe, o que explica o meu aluno/filho ter sempre baixo rendimento escolar, problemas frequentes de relacionamento ou aceitação com figuras de autoridade, reações emocionais explosivas, frustrações com a vida escolar e envolvimento recorrente com más companhias e drogas? Estando eu nesse contexto, como tratar e conduzir essas situações? Não conseguindo a resposta para essas perguntas, o que farei, já que estou vendo minha vida e meu ambiente familiar naufragarem?*

---

[8] COLLARES, C.; MOYSÉS, M. **Preconceitos no cotidiano escolar**: ensino e medicalização. São Paulo: Cortez; Campinas: Unicamp, 1996.

# QUALIDADE DE VIDA

Para entendermos melhor o que fazer para nem nossas vidas nem nossos filhos naufragarem junto com os problemas, precisamos compreender um pouco mais o que significa qualidade de vida: é um estado de bem-estar, de plenitude; uma sensação, muitas vezes subjetiva, de que tudo está indo bem, sem causar significativos temores ou solavancos provocados por problemas da vida.

Hoje, é possível medir e quantificar a qualidade de vida, e vários estudos têm mostrado que o TDAH leva a uma diminuição do tempo destinado à convivência familiar, a momentos felizes plenamente vividos em um ambiente harmonioso, próprio de uma vida com qualidade.[9]

Vou explicar melhor: muitos pais relatam no consultório que não se lembram quando foi a última vez que almoçaram ou jantaram com os filhos sem que houvesse discussões e brigas na mesa desencadeadas sempre por quem tem TDAH.

Chegando do trabalho, um pai dizia sentir pânico ao abrir a porta, com medo de presenciar crises ou discussões entre a esposa e o filho. Em outros casos, temia receber ligações da direção da escola com novas reclamações sobre o comportamento e os problemas de aprendizagem do jovem.

> **Muitas famílias evitam viajar e preferem permanecer em casa para não passar vergonha com explosões emocionais causadas por pequenas confusões.**

Deixar jovens com TDAH e sem acompanhamento especializado saírem de casa com os amigos pode causar enormes dores de cabeça aos pais. Arriscam-se demais ao dirigir, ultrapassam limites, bebem de

---

[9] DANCKAERTS, M. *et al.* The Quality of Life of Children With Attention Deficit/Hyperactivity Disorder: A Systematic Review. **European Child & Adolescent Psychiatry**, v. 19, p. 83-105, 2010. Disponível em: https://link.springer.com/article/10.1007/s00787-009-0046-3. Acesso em: 15 ago. 2021.

maneira descontrolada e a noite pode acabar na porta de uma delegacia ou no leito de um hospital. Parecem não ter maturidade para se antecipar às consequências dos seus atos e tampouco se desvencilhar das tentações que aparecem no caminho. Uma vida que pode acabar em um ato impensado, destruindo a felicidade de uma família.

Minha experiência de mais de vinte anos mostra que podemos prevenir e modificar o curso desses acontecimentos. Tive a sorte e a satisfação de assistir muitas famílias que reverteram as expectativas negativas que tinham de seus filhos com TDAH após buscarem ajuda e os tratarem corretamente. É muito satisfatório ver como o fim da desinformação pode transformar trajetórias e promover sorrisos e harmonia! Mais ainda, com este livro quero compartilhar informações relevantes, falar como podemos identificar e tratar o TDAH da forma mais prática e objetiva possível, e ver filhos serem promovidos para os melhores patamares.

Imagino que você tenha vivenciado de alguma forma essas dúvidas que apresentei anteriormente, tão comuns entre pais, cuidadores, professores, e até mesmo médicos. Nos próximos capítulos, vamos nos aprofundar na questão das informações falsas, que fazem tão mal ao diagnóstico e tratamento do TDAH. Também vou compartilhar a história do reconhecimento do transtorno pela comunidade médica e minha própria vivência como um dos seus afetados. Veja, se pude me formar, fazer doutorado e ainda escrever livros, você pode acreditar que o TDAH não é o fim da linha, mas algo com o qual se pode conviver e ter uma boa vida.

**QUANTAS PESSOAS AINDA ACHAM QUE DETERMINADAS LIMITAÇÕES, FALHAS FREQUENTES, PERDAS CONSTANTES DE OBJETOS OU ESQUECIMENTO DE COMPROMISSOS SÃO PURAMENTE CULPA DE SUAS DECISÕES OU VONTADES?**

CAPÍTULO 2

# Desinformação, nossa inimiga maior

Em um passado remoto, poucas coisas da vida poderiam ser explicadas pela ciência, as crenças dominavam as decisões humanas. Na época da infância dos meus pais, muitas pessoas achavam que se comêssemos muita banana teríamos crises convulsivas, por exemplo. Ditados, parlendas, milagres e várias outras formas de manifestação popular tentaram, em seus versos e cantos, explicar fenômenos e colocar um pouco de razão no que era inicialmente fantasia.

Com os transtornos neuropsiquiátricos não foi diferente. A história, em muitos momentos, traz relatos imprecisos de comportamentos atípicos, dando muitas vezes a impressão de que essas condições eram criadas por magia, ação de bruxas, castigo de pecados capitais, pragas etc.

Apesar de a história do TDAH se iniciar no final do século XVIII e as primeiras publicações a respeito do assunto surgirem em 1902, evidências mais sólidas de sua real existência somente apareceram nos anos 1960 e foram enfim comprovadas apenas nos anos 1990 com os avanços da neurociência, da genética, da neuropsicologia e outras áreas do conhecimento científico.[10]

Desde os anos 1980 foram criados muitos mitos sobre o TDAH, mitos difundidos a partir das mais diversas organizações, disseminados entre professores de universidades públicas e privadas, médicos e outros profissionais de saúde, e também entre pessoas da área da educação básica, com respingos persistentes até hoje, muitos deles ainda circulando pelas redes sociais.

O que estou chamando de mitos são frases, ditos populares, informações que não apresentam qualquer fundamento, que são dissociados da realidade dos fatos, das evidências científicas.

**Pessoas que criam, reproduzem ou veiculam essas falsidades não imaginam o tamanho da tragédia que fazem ao aproximar a população dessas fake news.**

Tratar um problema médico já é difícil por natureza: na maior parte das vezes, é necessária a participação ativa do paciente para o tratamento dar certo. Na área de transtornos de neurodesenvolvimento e, em especial, no TDAH, essa aderência é fundamental. Mas os mitos esvaziam a confiança no que os médicos recomendam, incutem medos e inseguranças, levando a uma enorme hesitação e resultam em desistências.

Abandonar um tratamento difícil e que depende de uma sequência consistente causa enorme prejuízo para paciente e família; há sofrimento interno com a perda de autoestima e a reincidência das frustrações.

---

[10] LANGE, K. *et al.* The History of Attention Deficit Hyperactivity Disorder. **Atten Defic Hyperact Disord**, v. 2, n. 4, p. 241-255, 2010. Disponível em: https://link.springer.com/article/10.1007/s12402-010-0045-8. Acesso em: 15 ago. 2021.

# ESTÁ NOS GENES

Entretanto – e felizmente –, o TDAH tem atualmente em seu portfólio de publicações e consensos uma sólida reunião de dados cientificamente comprovados. E apesar de ainda não ter uma causa específica definida, em relação às suas origens há uma certeza: ele é um problema predominantemente genético.

Muitos mitos foram veiculados, entre eles aqueles relatando que problemas de atenção do TDAH eram causados pela má qualidade das escolas, por professores ruins, pela pouca participação dos pais nos estudos dos filhos etc. Outra corrente falava que a causa era nosso mundo atual acelerado – Era Digital, era do imediatismo. Ora, nada mais falso! Desde os anos 1990, as pesquisas científicas trabalham para desmistificar essas hipóteses.

> O que se sabe, na realidade, é que existem sim, fatores genéticos mais ou menos propensos a serem influenciados por elementos do ambiente.

Vou explicar melhor: se um bebê for portador do gene DAT1 – gene do transportador de dopamina – e, sem saber, sua mãe fumar durante a gestação, ele terá mais chances de desenvolver TDAH do que aquele bebê que não tem este gene específico.[11] Assim, um ambiente que eleva o risco de TDAH não necessariamente levará ao TDAH, pois dependerá de predisposição genética, antes de tudo.[12] Vários estudos incluídos em grupos de pesquisa multicêntricos têm revelado essas associações, para citar alguns: o ADHD Working

---

[11] NIKOLAS, M. *et al*. Gene x Environment Interactions For ADHD: Synergistic Effect of 5HTTLPR Genotype and Youth Appraisals of Inter-Parental Conflict. **Behav Brain Funct**, v. 6, n. 23, 2010. Disponível em: https://doi.org/10.1186/1744-9081-6-23. Acesso em: 15 ago. 2021.

[12] NIGG, J.; NIKOLAS, M.; BURT, S. Measured gene-by-environment interaction in relation to attention-deficit/hyperactivity disorder. **J Am Acad Child Adolesc Psychiatry**, v. 49, n. 9, p. 863-873, 2010. Disponível em: https://linkinghub.elsevier.com/retrieve/pii/S0890856710002893. Acesso em: 15 ago. 2021.

Group Psychiatrics Genomics Consortium (PGC) e o Early Life Course and Genetic Epidemiology (EAGLE).

## E OS VIDEOGAMES?

A exposição precoce de crianças a jogos eletrônicos, tecnologias digitais e informações em excesso pode também estar associada ao aparecimento de sintomas de TDAH, algumas pesquisas já têm comprovado tal possibilidade.[13] Crianças ainda estão aprendendo a lidar com o mundo e o cérebro está em formação, então, se desde cedo forem estimuladas por ações agitadas demais e sem esforço cadenciado, com os freios naturais da vida analógica, o resultado poderá ser um cérebro sem autocontrole.

Muitos pais me falam: "Vou colocar minha filha no futebol ou na natação, assim – quem sabe? – ela sossega". Infelizmente não é verdade. O TDAH é uma condição que envolve autocontrole e organização mental, não uma resolução muscular. Portanto, quanto mais cansada a criança estiver, mais agitada e descontrolada ficará! Não é à toa que crianças com TDAH tendem a ficar mais alvoroçadas com o passar das horas e, no final do dia, não se desligam facilmente ao irem para a cama.

> O **TDAH** é uma condição crônica. Isso quer dizer que não existe cura. Quem tem **TDAH** tende a permanecer com ele – e com sua totalidade de sintomas –, durante toda a vida.

---

[13] ANDREASSEN, C. et al. The relationship between addictive use of social media and video games and symptoms of psychiatric disorders: A large-scale cross-sectional study. **Psychology of Addictive Behaviors**, v. 30, n. 2, p. 252-262, 2016. Disponível em: http://dx.doi.org/10.1037/adb0000160. Acesso em: 15 ago. 2021. e RA, C. et al. Association of Digital Media Use With Subsequent Symptoms of Attention-Deficit/Hyperactivity Disorder Among Adolescents. **JAMA**, v. 320, n. 3, p. 255-263, 2018. Disponível em: https://jamanetwork.com/journals/jama/fullarticle/2687861. Acesso em: 15 ago. 2021.

Sim, com o passar dos anos, na maturidade, os sintomas vão reduzindo. Mas isso ocorre de maneira irregular, incompleta, e ainda provocando prejuízos significativos.

Muitas pessoas ainda acreditam que o TDAH desaparece ao fim da infância. Tampouco isso é verdade. Cerca de 80% das crianças com TDAH seguem com o transtorno na adolescência e, ao chegar na fase adulta, a chance de permanecer com ele é de 50%.[14]

Portanto, é nossa obrigação esclarecer os pais e cuidadores de que o tratamento deverá ser mantido além da vida escolar.

## TRATAMENTOS

Em relação à medicação mais utilizada no TDAH, o metilfenidato – Ritalina –, muitos mitos ainda persistem no imaginário das pessoas, inclusive de muitos médicos. O risco de a pessoa se tornar viciada na medicação é pequeno.[15] Tal consequência somente é real em três ocasiões:

1. **Se existir histórico de dependência física e psicológica de drogas na família;**
2. **Se, ao tomar a medicação, a pessoa ficar alterada e apresentar sinais de fissura ou intenso prazer imediatamente após o uso;**
3. **Se a medicação for injetada, em vez de administrada via oral.**

Em vinte anos tratando pacientes com TDAH, apenas suspendi a medicação em dois adolescentes, por causa de sintomas que poderiam sugerir tendência ao vício. Ou seja, em nenhum momento tive problema com crianças e nos dois casos com adolescentes a retirada foi preventiva.

---

[14] WOLRAICH, M. *et al*. Clinical Practice Guideline for the Diagnosis, Evaluation, and Treatment of Attention-Deficit/Hyperactivity Disorder in Children and Adolescents. **Pediatrics**, v. 144, n. 4, e2019252, 2019. Disponível em: https://pediatrics.aappublications.org/content/144/4/e20192528. Acesso em: 15 ago. 2021.

[15] STOREBØ, O. *et al*. Methylphenidate for Attention Deficit Hyperactivity Disorder (ADHD) in Children and Adolescents – Assessment of Adverse Events in Non-Randomised Studies. **Cochrane Database Syst Rev**, v. 5, n. 5, CD012069, 2018. Disponível em: https://www.cochranelibrary.com/cdsr/doi/10.1002/14651858.CD012069.pub2/full. Acesso em: 15 ago. 2021.

Na verdade, a maioria dos pacientes não gosta de tomar medicações e deseja muitas vezes suspendê-la – por preconceito, porque sofrem bullying na escola após descobrirem o que usava, porque escuta sorrateiramente os pais fazerem comentários negativos sobre a medicação ou por causa dos efeitos colaterais. Entraremos em mais detalhes no **Capítulo 7**, dedicado à medicação. Agora, vamos falar de um caso de TDAH que conheço muito bem: o meu.

## MINHA HISTÓRIA COM O TDAH

É um privilégio poder relatar aqui experiências que foram compartilhadas comigo por pessoas que escutei descreverem suas opiniões, sentimentos e sofrimentos. Isso tanto presencialmente quanto nas redes sociais: pacientes, pais, cuidadores. Também agradeço às trocas com profissionais não médicos e à atualização especializada constante em congressos e estudos. Enfim, tudo o que tornou possível para mim a reunião das informações necessárias para abordar esse tema e encontrar coragem para expor um pouco minha própria vida com o TDAH. Muita gente se surpreende quando conto.

> **Tenho TDAH e meu diagnóstico foi tardio, só veio perto dos meus 30 anos. Passei toda a infância e a adolescência sem nenhum tratamento.**

O conhecimento geral sobre o TDAH aponta que um dos marcos clínicos dele é o baixo rendimento escolar, com altos índices de reprovações, maior risco de evasão e até o envolvimento com as chamadas "más companhias". Então é muito comum, no meu consultório por exemplo, que surja a famosa pergunta:

— Foi assim com você, Dr. Clay?

Não, não foi. Mas vou explicar isso muito bem e você verá como é importante encarar os problemas do TDAH sem deixar de respeitar a individualidade de cada um.

# A CRIANÇA COM TDAH

Na infância, devido à imaturidade, à pouca consciência da realidade que nos cerca e das consequências do que vivemos de bom ou ruim, as experiências são absorvidas sem análise adequada e antes mesmo de podermos medir bem as nossas reações.

Por exemplo, ao sofrer um abuso psicológico ou físico, naquele exato momento a criança não sabe o que fazer, o que muitas vezes poderá trazer uma série de desdobramentos a longo prazo: sentir culpa, medo ou guardar dentro de si a experiência que pode corroê-la pela vida toda trazendo graves traumas emocionais; ter pensamentos ruins dominantes que prejudicam novas experiências com outras pessoas ou consigo mesma. Se essas situações podem levar a problemas significativos para crianças sem o transtorno, imagine às que o possuem.

**O TDAH, em mais de 50%[16] dos casos, começa antes dos 7 anos. Analisando minha vida lá atrás, naquela idade e nos anos que se seguiram, percebo que minhas primeiras dificuldades se manifestaram no meu comportamento emocional.**

Eu era muito chorão. Sensível, reagia assim a quaisquer frustrações e lidava de maneira emburrada e retraída quando meus pais me chamavam a atenção por ter feito alguma coisa errada, quando teimava ou fazia algo sem prévia autorização. *Coisa de criança, né?*, você pode pensar... mas isto ocorria várias vezes no mesmo dia! Hoje vejo claramente o que acontecia: na realidade, era que eu me esquecia muito das coisas. Minha mãe falava algo ou dava uma instrução e eu simplesmente apagava da cabeça! Perdia-me nos detalhes do que ela

---

[16] DRECHSLER, R. *et al.* ADHD: Current Concepts and Treatments in Children and Adolescents. **Neuropediatrics**, v. 51, n. 5, p. 315-335, 2020. Disponível em: https://www.thieme-connect.com/products/ejournals/abstract/10.1055/s-0040-1701658. Acesso em: 15 ago. 2021.

dizia. Se não esquecia o que fazer, fazia malfeito ou demorava muito para começar.

Com o tempo, passei a ter medo de errar. Quando recebia uma ordem, ficava a todo momento temendo que ia esquecer, então tentava fazer logo e... derrubava, quebrava, tudo caía de minhas mãos, perdia-se! Na minha família eu acabei ganhando um apelido: *o desastrado*.

## OBESIDADE COMO CONSEQUÊNCIA

Tudo isso foi gerando muita ansiedade, o que só piorava minha performance e aumentava meu apetite. Gostava muito de comer e comia de tudo, sem qualquer seletividade ou "frescura" – e aí estava o lado bom sempre ressaltado pela minha família: "Olha como ele come de tudo! Que lindo!".

Com esse "incentivo", somado às minhas inseguranças e ansiedades, ganhei muito peso a partir dos 2 anos. Cheguei a ter 46 quilos aos 6 anos. Nessa idade, segundo os parâmetros da Sociedade Brasileira de Pediatria (SBP)[17], o esperado é que os meninos tenham entre 22 e 26 quilos[18].

Realmente, ser um "desastre" era algo que me incomodava muito. Eu até evitava pegar objetos que pudesse quebrar ou desmanchar. Passei a ficar encucado com isso. Quando ia pegar ou realizar algum movimento, vinha a insegurança: a que horas vou errar? O que vai acontecer depois que minha mãe vir o resultado? Qual crítica vou ouvir? Até hoje ouço uma voz na minha cabeça quando cumpro uma tarefa que precisa ser avaliada por alguém: Clay, você não fez! Esqueceu! Quebrou! Não viu! Parece surdo! Você não está enxergando direto? Eu falei isto e você fez aquilo. Passei a achar que era burro ou tinha mesmo alguma deficiência.

---

[17] SOCIEDADE BRASILEIRA DE PEDIATRIA. **Avaliação nutricional da criança e do adolescente:** manual de orientação. Departamento de Nutrologia. São Paulo: Sociedade Brasileira de Pediatria, Departamento de Nutrologia, 2009. Disponível em: https://www.sbp.com.br/fileadmin/user_upload/pdfs/MANUALAVAL-NUTR2009.pdf. p. 29. Último acesso 19 ago. 2021.

[18] Ibidem.

**REALMENTE,
SER UM "DESASTRE"
ERA ALGO QUE ME
INCOMODAVA MUITO.**

> Lembro-me de que, por volta dos 8 anos, por causa de minha obesidade, minha mãe me levou a uma nutricionista. Ela avaliou minha dieta, deu orientações e – você já pode adivinhar – não consegui cumprir nada daquilo.

Naquela avaliação, nada foi discutido sobre minhas ansiedades, inseguranças e nem por sonho a nutricionista pensou que eu poderia ter TDAH. Claro que é totalmente compreensível, pois, na época, ninguém da área médica no Brasil sabia muito sobre o assunto – menos ainda fora da área médica. A obesidade, associada ao TDAH, existe e é alimentada pelos problemas emocionais, pela falta de disciplina e pelas compulsões alimentares geradas pela busca de prazer durante momentos críticos do dia.

**Quem tem TDAH tem risco três vezes maior de desenvolver sobrepeso, com complicações futuras. O tratamento é mais difícil e deve envolver muito apoio da família, além de uso de medicação devidamente prescrita por médicos. Sabemos que, ao avaliar uma pessoa obesa, deve-se sempre investigar a possibilidade de TDAH e de outros transtornos neuropsiquiátricos.[19]**

Por desconhecimento total e falta de orientação, minha mãe tampouco suspeitava. Até o momento em que decidi escrever este livro, ela não imaginava sobre o meu TDAH, mas resolvi contar em uma conversa

---

[19] CORTESE, S. The Association Between ADHD and Obesity: Intriguing, Progressively More Investigated, but Still Puzzling. **Brain Sci**, v. 9, n. 10, 256, 2019. Disponível em: https://www.mdpi.com/2076-3425/9/10/256. Acesso em: 15 ago. 2021.

sincera, pois não queria que ela descobrisse durante a leitura. Eu me preocupava que ela pudesse ficar chateada. Com este livro, ela vai ficar sabendo em detalhes que, enfim, superei todas aquelas dificuldades.

Recomendo aos leitores adultos que conversem sobre isso com os pais e não tenham vergonha. Acho que muitas culpas e remorsos podem ser curados com a revelação do transtorno e a constatação de que muitas coisas ruins aconteceram sem que os envolvidos tivessem consciência ou controle.

Com o tempo, passei a evitar coisas práticas da vida, como arrumar, consertar, fazer atividades motoras mais complexas, segurar as coisas, pegar algo que alguém me pedia. Tinha medo de me expor a novos constrangimentos e broncas. Não desenvolvi habilidades, fiquei com pouca autoconfiança.

Lembro-me claramente de meus pais falarem para meu irmão mais novo realizar determinadas tarefas pois eu ia esquecer, errar, me perder, enfim, falhar. Comecei, assim, a ser uma pessoa pouco prática e que passava a impressão de preguiçosa e lenta – na realidade eu era mesmo. Passava a impressão de que não se podia esperar muito de mim. Pior ainda, me tornei alvo de deboches, brincadeiras, comentários de gozação dos meus primos e tios.

## COM AUTOESTIMA NÃO SE BRINCA

Eu morava em São Paulo e viajava periodicamente a Londrina, onde se concentravam meus parentes maternos. Apesar de gostar muito deles, sabia que passaria por experiências humilhantes de novo e de novo. Cômicos, e com certa disposição para demonstrar o que sabem, meus parentes tinham o hábito de desdenhar e ressaltar somente meus deslizes.

A essa altura, início de minha adolescência, como andava minha autoestima?

Autoestima é uma avaliação que a pessoa faz de si mesma e que pode ser positiva ou negativa. Sou competente ou incompetente?

Querido ou odiado? Motivo de orgulho ou de vergonha? Esses juízos têm enorme poder na maneira como nos comportamos socialmente e grande influência em nossas decisões; afetam nossa autoimagem e autoaceitação. Se corroída, pode levar a enormes impactos emocionais e cognitivos em nossas vidas.

**Tenho certeza de que o primeiro prejuízo emocional do TDAH em uma criança é afetar aspectos importantes de sua autoestima.**

Uma criança com baixa autoestima chora muito, tende a se culpar frequentemente. Por ter pouca confiança em si e por não se aceitar como é, suas ações acabam sendo "contaminadas" pelo pessimismo, rebaixadas, o que pode vir a prejudicar seu real potencial.

Aqui se encontra o centro de minhas preocupações: minha autoestima sempre foi baixa e tive, desde sempre, muita dificuldade em me expressar, me impor, convencer e argumentar quando algo me desagradava ou quando discordava de alguém. Acabava, portanto, me submetendo, aceitando tudo, concordando precocemente com qualquer um ou qualquer coisa, pois achava que minhas ações seriam mesmo ruins ou atabalhoadas.

Em relação aos meus irmãos, me sentia preterido, achava que recebia menos atenção de meus pais. Naturalmente, meus irmãos conseguiam perceber oportunidades de ganhos de espaço em cada argumentação e se antecipavam, enquanto eu sequer percebia essas intenções e permanecia sempre perdendo as discussões.

## SUPERAÇÃO

Hoje sou pai de três filhos. Sei quando preciso arbitrar um assunto entre eles porque tem aquele filho mais retraído, com menos poder de se impor. Nem sempre uma família está madura para equilibrar discussões e, nesses casos, crianças com TDAH costumam ser mais subservientes ou desenvolvem comportamentos opositivo-desafiadores. Mesmo assim, é possível superar essas dificuldades.

Ainda vou contar mais da minha história com o TDAH. Meu principal objetivo com este livro é dividir com você a certeza de que se pode levar uma vida boa e produtiva, o que também ocorre com outros casos crônicos de doenças ou transtornos. Aqui você vai ter informações para sentir mais segurança ao ajudar seus filhos ou alunos com TDAH a lidarem com as dificuldades. Você aprenderá sobre medicação, treinamento executivo, planejamento e organização do dia a dia, hábitos positivos de sono, alimentação, a importância dos elogios. Bem-informados, somos mais compreensivos.

# CAPÍTULO 3

# Entender para avançar – história e caminhos do TDAH

Percebo que muita gente ainda acha que o TDAH, como se diz, "nasceu ontem", que surgiu com as tecnologias digitais e com a educação mais permissiva dos dias atuais se comparada a gerações passadas. Entretanto, esse não é um fenômeno exclusivo desse nosso tempo: a definição do termo TDAH vem sendo construída nos últimos cento e cinquenta anos, com as primeiras descrições relativas ao transtorno remontando ao século XVIII.[20]

Ao longo dessa história, há diversos registros em livros, revistas, entre outros documentos, de pessoas acometidas por um comportamento muito agitado, impulsivo, altamente inconveniente. Nessas publicações, de maneira ainda imprecisa, percebia-se que algo de anormal poderia estar acontecendo com as citadas crianças, mal se imaginando que poderia ser

[20] LANGE, K. et al. The History of Attention Deficit Hyperactivity Disorder. **Atten Defic Hyperact Disord**, v. 2, n. 4, p. 241-255, 2010. Disponível em: https://link.springer.com/article/10.1007/s12402-010-0045-8. Acesso em: 15 ago. 2021.

um problema médico. A curiosidade ao acúmulo de relatos foi dando lugar à possibilidade dessas atitudes serem uma forma atípica de comportamento, que merecia uma observação mais valiosa.

Em 1798, os primeiros relatórios médicos e publicações demonstrando problemas de atenção, hiperatividade e impulsividade em crianças, adolescentes e adultos foram escritos pelo médico alemão Alexander Crichton (1763-1856).[21] Ele publicou dois livros que tinham a finalidade de descrever problemas mentais e, na época, ressaltou os sintomas da hiperatividade, pois esses eram os mais prejudiciais. Mas também trouxe a público os primeiros conceitos do que seria a atenção e o déficit de atenção.

Os prejuízos e as queixas aplicadas a esses indivíduos tinham foco no comportamento. Tudo isso ocorria sem conhecimento científico das causas ou motivações do desenvolvimento do transtorno. É preciso deixar claro que as causas do TDAH até hoje não são conhecidas – não sabemos os mecanismos específicos do transtorno. O tratamento, naquela época, não era sequer sonhado, pois não se considerava que pudesse ser um distúrbio, e era claro que ainda se tentava compreender o que caracterizava esse comportamento.

## O PONTO DE PARTIDA

No início do século XX surge a primeira publicação científica sobre o assunto: o médico inglês George F. Still (1868-1941) ministrou três palestras no Royal College of Physicians[22] sobre algumas condições psíquicas anormais em crianças. Ele descreveu 43 casos de "defeito anormal de controle moral". Falava de crianças agressivas, desafiadoras, resistentes à disciplina, muito emocionais ou "apaixonadas", que tinham problemas de atenção e não conseguiam aprender por causa de seu comportamento. Essas palestras foram publicadas em uma revista de renome, a *The Lancet*, em 1902, e são ainda hoje consideradas o ponto de partida da ciência do TDAH.

---

[21] *Ibidem*.

[22] STILL, G. Some Abnormal Physical Conditions in Children: excerpts from three lectures. **Journal of Attention Disorders**, v. 10, n. 2, 126-136, 2006. Disponível em: https://journals.sagepub.com/doi/10.1177/1087054706288114. Acesso em: 15 ago. 2021.

> **Ficou evidente na época que a "falta de moral" não era uma falha de caráter, mas poderia ser uma questão biológica.**

Still foi o primeiro a sugerir que esse comportamento poderia ser uma condição médica, pois as crianças eram muito novas para serem taxadas de mentes criminosas ou de idiotas por não entenderem as rotinas e regras sociais.

Nos anos 1920 houve uma epidemia, de causa provavelmente viral, que atingiu diversos países. Ela levou ao desenvolvimento de uma encefalite em crianças. Os que sobreviveram evoluíram para sintomas de intensa hiperatividade, e os pais relataram que, antes da infecção os filhos não eram assim. Tais efeitos foram denominados de Transtorno do Comportamento Pós-Encefalítico, que tinha aspectos muito parecidos com o TDAH como o conhecemos hoje. A partir dessa ocorrência, cresceu o interesse de pesquisadores e dos clínicos que atendiam essas crianças em pesquisar a hiperatividade.[23]

Entre os anos 1930 e 1940, novas evidências no atendimento infantil mostravam crianças que, mesmo sem história de encefalite, apresentavam comportamento agitado e extremamente inquieto, sem uma causa aparente, mas muitas dessas tinham histórico de lesões cerebrais. Nessa época, deu-se o nome de Transtorno Hipercinético.[24]

## ENFIM, AVANÇOS!

Os pesquisadores passaram a fazer conexões entre um dano no cérebro e o aparecimento de perfis comportamentais desviantes ou alterados, inclusive aqueles danos que surgiam como resultado de anormalidades geradas por problemas durante o parto e após o nascimento. Nessa época, já se via uma ligação causal com ocorrências de

---

[23] BRITES, C. **Estudo comparativo de registros actigráficos em três pacientes com Transtorno de Déficit de Atenção e Hiperatividade (TDAH)**: efeitos da intervenção medicamentosa. Tese (Doutorado em Medicina) – Faculdade de Ciências Médicas, Universidade Estadual de Campinas, Campinas, 2018.
[24] *Ibidem.*

deficiência intelectual e explicações mais detalhadas passaram a se tornar constantes. Esse conjunto de evidências levou ao conceito de dano cerebral mínimo.

No final dos anos 1940, portanto, muitas crianças com características associadas à suposição de danos cerebrais que poderiam ser causados pelos mais diversos fatores, mas sem sinais físicos, eram diagnosticadas a partir deste conceito de dano cerebral mínimo.[25]

O avanço dos estudos e o questionamento frequente de outros pesquisadores acerca dessas conclusões sem comprovações mais concretas – consideradas por eles precipitadas – incentivaram a aplicação de recursos neurofisiológicos mais específicos a fim de descobrir se havia mesmo ligação entre hiperatividade e dano cerebral.

O médico polonês Maurice Laufer conduziu um estudo em 1957, demonstrando que crianças descritas como hiperativas, na realidade, apresentavam um distúrbio funcional e não uma lesão no cérebro. Nos anos 1960, o Grupo de Estudos Internacionais de Oxford de Neurologia Infantil defendeu uma mudança no nome do diagnóstico: em vez do termo *dano*, propôs *disfunção* cerebral mínima.[26]

## DSM E O RECONHECIMENTO DO TDAH

Com o Manual Diagnóstico e Estatístico de Transtornos Mentais (DSM) publicado pela Associação Americana de Psiquiatria em 1968, pela primeira vez o TDAH foi incluído, ainda com o nome Reação Hipercinética da Infância. A primeira descrição de seus critérios tinha o intuito de organizar melhor a apresentação dos sintomas. Nessa época, a comunidade médica ainda acreditava que haveria diminuição dos sintomas na adolescência, entretanto, intensificaram-se as pesquisas sobre os problemas

---

[25] *Ibidem*.
[26] O estudo demonstrou que crianças que apresentavam a síndrome hipercinética tinham alteração de limiar observado no EEG quando expostas ao metrazol (levando a um rebaixamento de ondas) e foi observado também que, quando administradas anfetaminas, esse limiar ficava semelhante ao das crianças típicas de TDAH.

de atenção e a relação íntima que estes tinham com a impulsividade e a inquietude excessiva.

Na atualização dos critérios do DSM em 1980, foi dada ênfase ao Transtorno de Déficit de Atenção, ao se denominar a hipercinesia. Em 1987, enfim o nome mudou para Transtorno do Déficit de Atenção com Hiperatividade, como hoje o conhecemos, e com a descrição de níveis de intensidade, mas ainda sem os subtipos.

**Naquela época se acreditava que o transtorno não era reconhecido até que a criança entrasse na escola, e que desapareceria até a fase adulta.**

Nos anos 2000, o DSM-IV passou a descrever também os subtipos "desatento", "predominantemente hiperativo-impulsivo" e "combinado", além de reconhecer que a síndrome persistia até a fase adulta e que era comum em parentes de primeiro grau.

Em 2013, com a mais recente atualização do DSM (o DSM-5),[27] o TDAH passou a ser considerado um transtorno de neurodesenvolvimento e não mais um transtorno disruptivo. A mudança ocorreu porque as evidências passaram a mostrar que o TDAH começa muito cedo a atrapalhar as etapas típicas do desenvolvimento infantil, e que comportamentos disruptivos nem sempre acontecem, pois estão mais associados a comorbidades do TDAH. O DSM-5 manteve os subtipos, porém reforçando que o aparecimento desses pode variar de uma pessoa a outra, e em uma mesma pessoa, dependendo da idade e das circunstâncias, ou seja, podem surgir e/ou mudar ao longo da vida. Por exemplo, alguém com TDAH hiperativo/impulsivo na infância pode se tornar puramente desatento na adolescência.

Antes do DSM-5, a idade mínima para se considerar o aparecimento do TDAH era de 7 anos. Ou seja, os sintomas tinham que começar antes

---

[27] AMERICAN Psychiatric Association. **DSM-5**: Manual Diagnóstico e Estatístico de Transtornos Mentais. Porto Alegre: Artmed, 2014.

dessa idade. Contudo, vários estudos, como o UMASS e o Milwaukee[28] demonstraram que muitos pacientes com TDAH começaram a ter sintomas depois dos 7, chegando até os 12 anos, e podendo ainda coexistir com outros transtornos psiquiátricos e de neurodesenvolvimento em comorbidade como por exemplo o Autismo e a Deficiência Intelectual.[29] Nessa classificação já se consideram também critérios menores quando a suspeita recai em adultos.

Na Classificação Internacional de Doenças (CID), da Organização Mundial da Saúde (OMS), a evolução da terminologia do TDAH é semelhante. Em sua atualização de 2018, os critérios passaram a ser iguais aos do DSM-5.

**Dentre os transtornos de neurodesenvolvimento descritos no DSM-5, temos:**

- **Autismo;**
- **Deficiência intelectual;**
- **Paralisia cerebral;**
- **Transtornos de linguagem e comunicação;**
- **Transtornos de aprendizagem;**
- **TDAH.**

---

[28] **Estudo UMASS:** Um dos maiores e mais completos estudos sobre TDAH em adultos. Ele comparou grandes amostras de pessoas diagnosticadas com TDAH e encaminhadas por médicos generalistas a um grande grupo de adultos que sofrem de outros transtornos e a um grande grupo controle sem qualquer outro tipo diagnóstico comportamental. Foi conduzido nas décadas passadas pela Escola de Medicina da Universidade de Massachusetts e, por isso, foi denominado UMASS. Os resultados mostraram os mais diversos impactos negativos do TDAH no grupo com esse diagnóstico nas áreas da vida avaliadas pela pesquisa.
**Estudo Milwaukee:** Estudo iniciado em 1977 e conduzido pelos pesquisadores Russell Barkley & Mariellen Fischer, especialistas em TDAH, com a finalidade de acompanhar, desde a infância, dezenas de pacientes com TDAH ao longo da vida e verificar a evolução e os impactos do transtorno no dia a dia. A duração média de acompanhamento foi de vinte e sete anos.

[29] THE ADHD Report. Nova York: Virginia Treatment Center for Children; Virginia Commonwealth University School of Medicine, 1993-2021. Disponível em: www.guilford.com/journals/The-ADHD-Report/RussellBarkley/10658025. Acesso em: 15 ago. 2021.

SE O TDAH NÃO EXISTE, O QUE EXPLICA O MEU ALUNO/FILHO TER SEMPRE BAIXO RENDIMENTO ESCOLAR, PROBLEMAS FREQUENTES DE RELACIONAMENTO OU ACEITAÇÃO COM FIGURAS DE AUTORIDADE, REAÇÕES EMOCIONAIS EXPLOSIVAS, FRUSTRAÇÕES COM A VIDA ESCOLAR E ENVOLVIMENTO RECORRENTE COM MÁS COMPANHIAS E DROGAS?

## O CAMINHO DAS MEDICAÇÕES

Paralelamente, na história do TDAH, vemos também a evolução dos relatos e das pesquisas acerca de um tratamento medicamentoso. É importante dizer que ambas as histórias ocorreram em momentos, circunstâncias e acontecimentos totalmente desconectados e sem qualquer relação entre si. Somente quando se verificou que determinados fármacos tinham ação que reduzia a agitação e a motricidade das pessoas é que se aventou a possibilidade de utilizá-lo nesses pacientes. Assim caminha a ciência.

Em 1937, o psiquiatra americano Charles Bradley (1902-1979)[30] descobriu a benzedrina, uma anfetamina que melhorava comportamentos inquietos nas crianças. No uso circunstancial da substância em algumas delas foi verificado que ficavam mais comportadas. A medicação melhorava o desempenho escolar e equilibrava suas reações emocionais e sociais.

Em 1944, o metilfenidato foi sintetizado a partir de anfetaminas pelo químico italiano Leandro Panizzon (1907-2003) e patenteada pela farmacêutica suíça CIBA-Geigy com o nome Ritalina. Somente em 1955 ela foi liberada para uso em adultos com fadiga crônica, narcolepsia e depressão. Em 1961, foi liberada pelo U.S Food & Drug Administration (FDA), a vigilância sanitária dos Estados Unidos, para tratar crianças com problemas de comportamento, entre eles o TDAH. Em 1963, a sua eficácia foi amplamente investigada pelos cientistas americanos Eisenberg e Conners, com resultados positivos, e passou a ser indicada, sem qualquer contestação, até idos dos anos 1970. Sua aprovação pelo FDA, equivalente à ANVISA, foi consolidada em 2002.

A partir dos anos 1980, muitos críticos passaram a sugerir que o TDAH foi inventado pela indústria farmacêutica para que se pudesse vender uma medicação e obter vultosos lucros. Mas, como se vê, o TDAH já era descrito no século XVIII. Além disso, as primeiras publicações na

---

[30] KONOFAL, E. **An illustrated history over time**. Vauhallan: Impulsion Naturelle, 2019.

literatura médica são de quarenta anos antes de surgir a primeira medicação para seu tratamento.

A experiência de décadas de vários especialistas – inclusive a minha – certifica a segurança da terapia medicamentosa assim como as volumosas evidências das pesquisas médicas, como veremos mais à frente.

## RELATO DE QUEM SUPEROU OS PROBLEMAS

"Uma bagunça! Sempre me senti assim durante toda a minha vida". Foi dessa maneira que uma de minhas pacientes começou um relato que pedi a ela. Vou preservar seu nome, afinal, o que importa é a vivência. Naquele momento, ela tinha por volta de 30 anos, vivia no exterior, era casada e tinha dois filhos. Muito do que ela experimentou, do que sentiu, ao mesmo tempo em que é único, tem semelhanças marcantes com o que aconteceu comigo e com a maioria das pessoas que atendi nessas últimas duas décadas, entre crianças, adolescentes e adultos. Veja seu relato:

> **Desde pequena eu sentia que não me encaixava em lugar nenhum. Era a garota quietinha da escola, que se sentava na frente, quase não tinha amigos e sofria bullying por ser estranha. As pessoas raramente entendiam o que eu dizia. Nas conversas, eu mudava de assunto em segundos, ninguém conseguia acompanhar meu raciocínio. Nos estudos sempre foi complicado também. Eu tinha muita dificuldade de prestar atenção na aula. Começava atenta e em alguns minutos já estava pensando qual seria o nome da boneca que pedi de aniversário, com qual roupa eu iria a determinado lugar ou qualquer outro assunto aleatório. Quando me dava conta, a aula já estava no final, e eu tinha perdido todo o conteúdo em meio aos meus pensamentos.**

Estudar em casa era mais difícil ainda. Eu me sentava na escrivaninha, abria os livros e, de repente, lá estava eu dançando as músicas da Xuxa e levando nos braços uma grande bronca da minha mãe. Eu ia bem apenas nas matérias de que gostava por apreço natural, algumas vezes até mesmo naquelas de que não gostava tanto, mas apenas por gostar muito de certas professoras e professores, com os quais tinha boas relações. De forma geral, o problema maior é que ao longo de cada ano letivo meu rendimento escolar oscilava muito.

Em aulas particulares de reforço, eu não conseguia me concentrar. Quando chegava o boletim, minha mãe ficava muito brava por ter pagado por essas aulas e não terem surtido o efeito esperado. Ainda assim, só repeti de ano uma única vez. Sempre fui definida por ela como "sonhadora", "estabanada" e "mão furada", por deixar cair coisas no chão o tempo todo. Vivia cheia de roxos e brinco até hoje que meu hidratante favorito era pomada para hematomas.

Cresci praticamente sem amigos, me isolava. É que era sofrido estar com outras pessoas e não entender o que elas estavam falando. Eu não conseguia prestar atenção nas conversas. Eu as escutava, mas não as ouvia de fato e, consequentemente, muitas vezes não as respondia. Perdi muitas amigas por conta disso.

Também era muito impulsiva: agia primeiro para depois pensar e acabei me colocando em inúmeras situações complicadas. Sempre me senti um peixe fora d'água. Sempre quis fazer muitas coisas, me empolgava, começava e não terminava. Não conseguia nunca manter minhas coisas organizadas e nem chegar pontualmente aos lugares. Procrastinava as tarefas com que eu tinha dificuldade ou não gostava de fazer, e muitas vezes, por conta disso, era taxada de preguiçosa pelos familiares, colegas de trabalho e chefes. Passei por diversos empregos. Familiares mais próximos me diziam que eu tinha problemas para me relacionar com pessoas, reclamavam que eu não prestava atenção no que eles diziam e que frequentemente não respondia o que me era perguntado.

Depois que me casei, foram inúmeras as discussões acerca da minha falta de organização com a casa e por não responder às perguntas do meu marido. Sempre me achei diferente dos demais e não entendia o motivo até que meu filho mais velho foi diagnosticado com TDAH aos 4 anos. Por conta disso, passei a ler muito sobre o assunto e, quanto mais eu lia, mais eu me identificava com os sintomas. Resolvi, então, agendar uma consulta com o médico do meu filho, o Dr. Clay, e recebi o diagnóstico. Logo nos primeiros dias do tratamento, senti uma mudança drástica. Me senti mais capaz. Disposta. Consegui finalmente me organizar, cumprir horários e rotinas sem dificuldade. Parei de procrastinar.

Hoje consigo começar e terminar as coisas que me proponho a fazer, o que para mim é um alívio enorme. É maravilhosa a sensação de poder ser como os demais, de me sentir capaz de fazer o que todo mundo faz. De me sentir realmente parte do todo.

Hoje eu sei que posso. Hoje eu sou o que sempre desejei ser.

## DERRUBAR MITOS, CONSTRUIR SAÍDAS

Vimos no capítulo anterior o quanto os mitos e as fake news prejudicam a vida de quem tem TDAH. Ao induzirem dúvidas e incentivarem a descrença, quem espalha informações falsas faz com que cuidadores e profissionais pensem, erroneamente, que a medicação vicia, afeta de forma negativa as funções cognitivas e aumenta a procura futura por drogas ilícitas. A derrubada desses mitos é fundamental para que todos passem a entender e confiar no efeito positivo e seguro das prescrições.

É importante considerar: se o uso de medicação no TDAH fosse mera opção ou simplesmente algo secundário, poderíamos amenizar o impacto desses falsos comentários no tratamento e dar de ombros para tais mentiras e enganos. Mas a medicação para a desatenção é considerada conduta de primeira linha no mundo todo e traz, principalmente às crianças e aos adolescentes, a oportunidade de se perceberem enfim capazes de realizar atividades diárias comuns a qualquer um de sua idade.

Daqui em diante vamos caminhar juntos pelos processos que efetivamente levam a essa melhora na vida de quem tem TDAH, de crianças a adultos. Se já identificamos os mitos, agora vamos percorrer a ciência.

A MEDICAÇÃO PARA A DESATENÇÃO É CONSIDERADA CONDUTA DE PRIMEIRA LINHA NO MUNDO TODO E TRAZ, PRINCIPALMENTE ÀS CRIANÇAS E AOS ADOLESCENTES, A OPORTUNIDADE DE SE PERCEBEREM ENFIM CAPAZES DE REALIZAR ATIVIDADES DIÁRIAS COMUNS A QUALQUER UM DE SUA IDADE.

# CAPÍTULO 4

# Entenda como o cérebro funciona no TDAH

O comportamento humano é resultado da interação entre fatores genéticos e ambientais. Somos resultado, na concepção, de nossos progenitores e, ao nascer, além do forte componente genético, já sofremos alguma influência do ambiente. Nascemos com genes herdados de nossos pais – 50% de cada um – para vários aspectos do nosso corpo, inclusive em relação ao comportamento e demais aspectos cognitivos.

Em conjunto com os genes, o ambiente desempenha papel de igual importância. Fatores externos ligados não só ao espaço, mas a todo o contexto em que vivemos, modificam, até certo ponto, a expressão dos genes que fazem parte do desenvolvimento de expressões em nossos comportamentos. Isso é essencial para nos manifestarmos plenamente na vida executiva, social e em atividades que envolvem também nossas emoções. O resultado desse processo, que está em constante construção durante os anos de neurodesenvolvimento, é o amadurecimento das áreas cerebrais responsáveis pela capacidade de autocontrole emocional e cognitivo, o que faz com que se cumpra bem, com equilíbrio e exímia performance motora e espacial, uma determinada tarefa.

As nossas atitudes, a forma como respondemos ao comportamento dos outros, as maneiras como cumprimos nossas tarefas e obrigações e regulamos nosso temperamento para encarar desafios ou frustrações dependem – dentro do cérebro – do equilíbrio entre nossas funções executivas "frias" e "quentes" ou, ainda, de controles que administram, em um sistema de pesos e contrapesos, nossa autorregulação emocional e cognitiva. Mas o que eles significam e quais fatores cerebrais participam deles?

Funções executivas "frias" são as responsáveis por exercer, nas atividades da vida, controle sobre aspectos cognitivos que modulam a parte racional de como cumprimos tarefas e respondemos às demandas exigidas pelo ambiente. As "quentes", por sua vez, são aquelas que modulam a parte emocional, temperamental e afetiva incluídas e embutidas no cumprimento das atividades. Ambas, somadas e interconectadas, exercem controle atencional em diversos âmbitos da vida, como finalizar tarefas, perceber erros e imperfeições; flexibilidade cognitiva ao mudar e alternar estratégias, perseverar com humor estável em atividades sem recompensa e usar componentes emocionais positivos ou negativos à escolha durante performances diversas; no estabelecimento de objetivos, em questões como planejamento, desorganização e resolução de problemas; no processamento otimizado de informações ao indicar a velocidade de responder a um desafio ou comando, fazer uma reflexão, intercambiar uma atividade com outra; e também na tomada de decisões a partir do autocontrole motor, autoengajamento/esforço mental para as tarefas e determinar o desempenho.[31]

O equilíbrio e a manutenção desse sistema conjugado "frio" e "quente" requer três fatores do cérebro que, em rede, permitem sua funcionalidade:

---

[31] CIASCA, S. *et al.* **Transtornos de aprendizagem**: neurociência e interdisciplinaridade. Ribeirão Preto: Booktoy, 2015.

1. **Quantidade ideal de dopamina e noradrenalina nas vias que os unem;**
2. **Integridade das conexões que se coadunam de cima para baixo (e vice-versa) no cérebro;**
3. **Grau de maturidade das áreas e vias neuronais responsáveis pela arquitetura do sistema cerebral.**

Toda essa estrutura e engenharia resulta, de novo, de processos que dependem tanto de herança genética quanto de fatores ambientais. Se algo de errado acontecer, teremos um sistema que não vai funcionar bem, o que pode resultar em um transtorno. É aí que entra o TDAH.

As pesquisas neurocientíficas e as evidências neuropsicológicas aplicadas ao TDAH têm a premissa de que ele resulta de três problemas:[32]

1. **Déficit de dopamina e noradrenalina nas vias que envolvem a transição entre as áreas "frias" e "quentes";**
2. **Perda de ativação e pouco recrutamento de áreas cerebrais frontais e na intersecção entre áreas frontoestriatais (lobo frontal);**
3. **Atraso maturacional de dois a cinco anos no desenvolvimento de áreas frontais quando comparado ao desenvolvimento de crianças típicas.**

Essas alterações geram um desbalanço entre as áreas frias e quentes das funções executivas e leva a pessoa com TDAH a não conseguir cumprir tarefas com performance suficiente nem de realizá-las de acordo com as demandas e esforço exigido tanto para tarefas estruturadas quanto nas que há envolvimento emocional.

Funcionalmente falando, a pessoa com TDAH, quando se depara com tarefas ou ações do cotidiano, não consegue ativar regiões cognitivas e emocionais suficientes para a performance mínima esperada, o que resulta em fracasso ou rendimento inferior. Quando inicia ou tem

---

[32] BRITES, C. *op. cit.*

que perseverar em uma tarefa chata, ela tem que "aumentar" a dopamina para o esforço mental "aparecer", mas não consegue. Ao cumprir uma tarefa que foi imposta ou exigida, não tem dopamina nem conexões suficientes para controlar bem o humor e persistir observando todos os detalhes envolvidos.

Tudo isso leva aos sintomas comportamentais de TDAH, que podem ocorrer simultaneamente nas crianças ou em momentos e graus variados, algo que varia de criança para criança e pode persistir até a fase adulta. Quando estabelecidos na fase adulta, podem ser recorrentes ao longo de toda a vida.

Essas alterações são microscópicas e impossíveis de serem detectadas em tomografias ou ressonâncias, e a descoberta se faz somente por meio de estudo funcional – como a pessoa funciona na vida – e avaliação dos prejuízos oriundos do comportamento afetado pelo TDAH.

Portanto, não existem exames de sangue, eletro ou neuroimagem que confirmem o TDAH. Tal diagnóstico depende de observação do comportamento e da performance da criança, do adolescente e do adulto. Eis por que muitas vezes o diagnóstico demora a sair. Há uma série de comportamentos que podem passar a impressão de serem "típicos de criança", que os pais ou professores tendem a não valorizar, entendendo que essas características desaparecem com o crescimento. Infelizmente, nem sempre é verdade.

O processo começa com uma suspeita, levantada por quem lida frequentemente com essa crianças ou jovem. Ou seja, professores, cuidadores, pais, demais parentes ou profissionais. Para suspeitar, é preciso ter algum conhecimento – além de blindagem contra desinformações.

Além dos sintomas tradicionais, que eu explico em detalhes no próximo capítulo, podem aparecer problemas de sono, frequentes alterações de humor, atrasos na linguagem, dificuldades motoras e na execução de atividades, como lentidão ou incapacidade de fazer bem feito. Também podem-se ser citados os esquecimentos de assuntos e regras repetidas vezes, prévia e claramente acordadas. Esses são sinais que devem motivar os pais a buscarem uma avaliação.

A AVALIAÇÃO DEVE ENVOLVER A BUSCA DE INFORMAÇÕES CLÍNICAS BÁSICAS E DO NEURODESENVOLVIMENTO NA FASE PERINATAL, RECÉM-NASCIDO E NOS PRIMEIROS ANOS DE VIDA.

A primeira busca pode levá-los a médicos ou profissionais não médicos, e esses devem estar preparados para iniciar um processo de avaliação que consiste em:

- **Registrar os relatos dos pais;**
- **Obter relatório da escola;**
- **Usar escalas de avaliação.**

Essas são simples ações que direcionam a investigação dos sintomas de maneira mais organizada, ativa e sem risco de esquecer os sinais mais importantes.

O registro do relato dos pais precisa ser o mais completo possível. As informações devem primeiro ser descritas com espontaneidade, deixando-os discorrer seguindo a demanda de suas maiores preocupações. Dependendo do perfil de pai ou mãe, tais relatos podem ser bem completos e convincentes. Em outros casos, frustrantes, por dispensarem os detalhes mais importantes. Por isso, o avaliador deve conhecer o TDAH a fundo para poder fazer as perguntas mais pertinentes, com a maior profundidade e amplitude possível, baseando-se na experiência clínica, nos dados e critérios do DSM-5 e direcionando as dúvidas para as áreas onde o seu impacto é maior, conforme será detalhado nos próximos capítulos. Assim será possível sanar o máximo de dúvidas e as respostas completas auxiliarão na hora de confirmar ou descartar a possibilidade de a criança ter ou não o transtorno.

A avaliação deve envolver a busca de informações clínicas básicas e do neurodesenvolvimento na fase perinatal, recém-nascido e nos primeiros anos de vida. Deve-se também verificar o comportamento da criança nas atividades corriqueiras da vida, suas formas de se expressar e interagir com os pais e amiguinhos, seu sono, seu humor. Durante esse processo, se a criança estiver em fase escolar, pode-se solicitar um relatório pedagógico.

Por que a escola tem papel significativo no diagnóstico? Várias pesquisas[33] demonstram que os professores têm, assim como a família, papel de

---

[33] BENCZIK, E. B. P. **Escala de Transtorno de Déficit de Atenção/Hiperatividade:** versão para professores. São Paulo: Casa do Psicólogo, 2000.

grande valor para auxiliar na busca de dados para o diagnóstico correto. Ademais, o ambiente escolar, por suas particularidades sociais e acadêmicas, serve como amplo campo de avaliação. Para se determinar o que é comportamento infantil ou TDAH, esse olhar é decisivo.

A escola envolve, naturalmente, todas as prerrogativas que testam essas crianças, pois seus procedimentos exigem autocontrole, autoengajamento, atenção sustentada, performance executiva e memória sequencial — tudo o que costuma falhar com quem tem TDAH.

Este relatório deve ser elaborado em escalas pelo médico – especialista ou não – ou não médico e enviado para preenchimento da escola, e ser baseado em escalas estruturadas para esse fim. Tendo como base o DSM-5, as escalas apresentam particularidades aplicadas para o contexto escolar e envolvem investigar o comportamento da criança em aspectos de sua aprendizagem e engajamento nas tarefas e atividades corriqueiras da vida escolar. Esses instrumentos, já comprovadamente apropriados e validados, estão disponíveis para uso clínico e de profissionais de educação. Veja na tabela a seguir alguns dos mais conhecidos e utilizados.[34]

| INSTRUMENTOS E ESCALAS DE AVALIAÇÃO DE TDAH | | | |
|---|---|---|---|
| | Crianças | Adolescentes | Adultos |
| Rastreamento e suspeita | • SNAP-IV;<br>• SWAN;<br>• SKAMP;<br>• Werry-Weiss-Peters Escala de Hiperatividade (WWP);<br>• Questionário de situações domésticas. | • SNAP-IV;<br>• SWAN;<br>• SKAMP. | • ASRS-18. |
| Apoio na investigação no consultório | • SNAP-IV;<br>• Critérios DSM-5;<br>• EDTDAH Pais/Professores;<br>• Relatório escolar. | • SNAP-IV;<br>• Critérios DSM-5;<br>• EDTDAH Pais/Professores;<br>• Escala de eventos de vida adolescente;<br>• Relatório escolar. | • Critérios DSM-5;<br>• Escalas de classificação dos comprometimentos;<br>• Escala de avaliação do funcionamento Ocupacional e Social. |
| Apoio interdisciplinar para concluir o diagnóstico | • Testes e instrumentos neuropsicológicos, fonoaudiológicos e psicopedagógicos. | • Testes e instrumentos neuropsicológicos e psicopedagógicos. | • Testes e instrumentos neuropsicológicos. |

[34] BENCZIK, E. *et al.* **TDAH**: desafios, possibilidades e perspectivas interdisciplinares. Belo Horizonte: Artesã, 2020.

As siglas se referem a estudos sobre o tema que indicam métodos de avaliação a serem realizados por especialistas. A escala SNAP-IV, por exemplo, significa Swanson-Nolan-Phelan em homenagem a seus autores. Ela é composta de dezoito itens referentes aos sinais e sintomas do TDAH, e é baseada nos critérios do DSM-IV. A SWAN, sigla que também representa os autores, é uma escala com trinta itens, com características positivas de comportamento relacionados à habilidade de atenção normal.

A escala ASRS-18 é a versão do SNAP-IV para adultos; o EDTDAH é um instrumento amplo e bem detalhado que apresenta sinais e sintomas mais comuns de TDAH e tem como objetivo averiguar aspectos do comportamento e da aprendizagem escolar, e pode ser aplicado por pais e professores. O SKAMP, por sua vez, também é uma sigla composta pela inicial de seus autores, e traz em seu questionário os sinais de dificuldades normalmente observados no comportamento da criança com TDAH em sala de aula, e pode ser aplicado tanto para verificar os sinais suspeitos quanto para acompanhar a evolução da criança em sala de aula após o início do tratamento.

Claro, essas escalas não fecham o diagnóstico sozinhas. A escola, que tem papel muito importante na vida e futuro da criança, contribui muito para o processo de avaliação. Esse apoio é muito importante quando auxilia na análise detalhada dos possíveis prejuízos e descreve o perfil que, somado a outros elementos, reúne dados suficientes para uma conclusão convincente da avaliação, tendo como referência os critérios do DSM-5. Nesse processo, ressalta-se a importância das avaliações neuropsicológica, psicopedagógica e fonoaudiológica.

## AMIGA NEUROPSICOLOGIA

A neuropsicologia tem, há mais de quatro décadas, trazido enormes contribuições para a avaliação dos transtornos de neurodesenvolvimento ao auxiliar com mais detalhes a verificar como as habilidades cognitivas do cérebro da criança reagem durante a aplicação de testes específicos e não específicos.

A área avalia — grosso modo descrito aqui — funções executivas, atenção, memória operacional, cognição aplicada à linguagem, raciocínio lógico, espacialidade, tempo de reação etc. No TDAH, essas são informações valiosas de como a criança funciona nas ações da vida real e em quais aspectos de seu funcionamento ela se encontra em maiores dificuldades.

As informações trazidas pelos resultados da avaliação neuropsicológica ao especialista agregam elementos que ajudam a concluir o diagnóstico. E também podem revelar se a criança tem ou não alguma deficiência intelectual associada, além de dar pistas de outras habilidades que porventura estariam deficitárias, necessitando tanto de intervenção cognitiva quanto auxiliar, orientações que devem ser dirigidas à escola.

A avaliação psicopedagógica, por sua vez, foca a análise de como se apresenta essa criança ou adolescente aos processos acadêmicos de leitura, escrita e matemática; e verifica em que aspectos ela se encontra aquém de sua idade e escolaridade, como se comporta na execução dos testes e qual sua performance na memorização das sequências exigidas.

O TDAH costuma prejudicar muito o rendimento, a aprendizagem e a evolução escolar. Psicopedagogos têm instrumentos e meios especializados para avaliar corretamente tais situações. Veja os principais efeitos verificados a partir do perfil de TDAH:[35]

---

[35] DUPAUL, G.; STONER, G. **TDAH nas escolas**: estratégias de avaliação e intervenção. São Paulo: M.Books, 2007.

## EFEITOS DO **TDAH** NA VIDA ESCOLAR

| | Tipo Desatento | Tipo Hiperativo-Impulsivo | Tipo Combinado |
|---|---|---|---|
| **Aprendizagem** | • Demora para se alfabetizar;<br>• Esquece com frequência os conteúdos previamente aprendidos;<br>• Absorve pouco do que acabou de aprender e precisa de repetições ou supervisões constantes;<br>• Lento e "perdido" ao fazer as tarefas;<br>• Desorganizado na execução;<br>• Tem déficits e ganhos irregulares na aprendizagem da leitura, escrita e em preceitos e fatos matemáticos;<br>• Apresenta lacunas constantes de conteúdos e baixo rendimento nas avaliações e entrega de trabalhos;<br>• Procrastina e é excessivamente dependente dos outros para realizar ou concluir projetos. | • Não se compromete com a entrega de trabalhos, pesquisas e tarefas;<br>• Faz as atividades rápido e de qualquer jeito, sem zelo nem capricho, pula etapas;<br>• Quebra e perda de materiais escolares;<br>• Desgaste precoce e fragmentação dos materiais e das atividades. | • Ambos os efeitos observados nos tipos desatento e hiperativo-impulsivo. |
| **Comportamento Individual** | • Pouco afeito a querer socializar;<br>• Tende a se isolar;<br>• Timidez excessiva;<br>• Introspectivo;<br>• Pouca iniciativa para desenvolver atividades e "se esconde" no grupo;<br>• Lentidão para entender ordens, falas, discursos, conversas longas e nunca sabe o que foi avisado ou alertado em sala de aula. | • Impulsivo, inconveniente, faz comentários invasivos e "sem noção";<br>• Fala demais e atrapalha a turma e o professor na hora da aula;<br>• Não sabe esperar seu momento e se precipita;<br>• Anda pela sala, sabe e fala de tudo e todos da turma – sem necessidade e fora do contexto;<br>• Derruba coisas, quebra objetos, desastrado e "espaçoso". | • Ambos os efeitos observados nos tipos desatento e hiperativo-impulsivo. |
| **Comportamento Social** | • Dificuldade de socialização pela timidez e insegurança para interagir;<br>• Entende pouco ou de maneira incompleta sinais e discursos nas conversas com os amigos;<br>• Facilmente ludibriado, enganado pela ingenuidade;<br>• Alto risco de sofrer bullying. | • Dificuldade de socialização por causa da impulsividade e atitudes inconvenientes;<br>• Invasivo, tende a agredir física e verbalmente;<br>• Impaciente e de humor explosivo;<br>• Pode mentir e simular comportamentos inadequados;<br>• Quer ser o centro das atenções e parece o constante palhaço. | • Ambos os efeitos observados nos tipos desatento e hiperativo-impulsivo. |

Nos aspectos fonoaudiológicos, o TDAH leva a atrasos e lacunas de aprendizagem na linguagem, na leitura e na escrita, problemas de processamento auditivo, déficits fonológicos e fonoarticulatórios, e atrasos de desenvolvimento da fala. Esses déficits podem ocorrer em até 50% dos casos de TDAH.[36]

Há muitas avaliações esquematizadas e sistematizadas que podem ser empreendidas por fonoaudiólogos para auxiliar na detecção ou não desses efeitos negativos do TDAH nos processos linguísticos. Por causa da desatenção e dos problemas de memorização operacional, a criança não internaliza, de maneira adequada, os códigos e símbolos da língua e não desenvolve suas relações com o ler e escrever. Tais problemas de linguagem afetam diretamente, também, a médio e longo prazos, a capacidade plena de compreensão de leitura e as habilidades de expressão escrita.

## FAZENDO AS CONTAS

Na matemática, as dificuldades também são diversas e muito significativas. A aprendizagem da matemática depende, cognitivamente, de quatro fatores: habilidades executivas, coordenação espacial, consciência numérica e linguagem aplicada.[37] O TDAH, como tem se visto durante a leitura, reduz o potencial da criança por diminuir suas habilidades executivas, atrapalhar sua noção espacial, aumentar seus esquecimentos e afetar negativamente sua linguagem voltada para os números. É por isso que entre 30% e 40% dos casos confirmados registram dificuldades na aprendizagem da matemática, causando sofrimento aos estudantes por seguidos anos letivos de notas baixas nessa matéria escolar.[38]

---

[36] BRITES, C. ADHD and Impact on language. *In:* KUMPERSCAK, H. (org.). **ADHD** (no prelo). Disponível em: https://www.intechopen.com/online-first/73105. Acesso em: 15 ago. 2021.

[37] MATTOS, P.; ROHDE, L.; POLANCZYK, G. O TDAH é subtratado no Brasil. **Revista Brasileira de Psiquiatria**, v. 34, n. 4, p. 513-516, 2012. Disponível em: https://doi.org/10.1016/j.rbp.2012.04.002. Acesso em: 15 ago. 2021.

[38] ZENTALL, S. Math Performance of Students with ADHD: Cognitive and Behavioral Contributors and Interventions. *In:* BERCH, D.; MAZZOCCO, M. **Why is Math so Hard For Some Children?**: The Nature and Origins of Mathematical Learning Difficulties and Disabilities. Baltimore: Brookes Publishing Co., 2017. p. 219-243.

Você percebe por que a avaliação deve ter a participação de vários atores relacionados à criança e por que essa multidisciplinaridade na equipe de apoio tem de ser a regra? Caso contrário, estaremos sempre às voltas de um fenômeno infeliz em nossa sociedade e que ainda atrapalha a identificação do TDAH e seu tratamento: a não detecção em quem realmente tem o transtorno ou a banalização desse diagnóstico em indivíduos que não têm, possui um alto e perigoso índice.

Creio firmemente que a encruzilhada do diagnóstico do TDAH reside em dois grandes problemas: o desconhecimento e a falta de equipes multidisciplinares – ou de profissionais que saibam trabalhar dialogando com os pais e com as escolas. Ouvimos e lemos nas redes sociais que há um "excesso" de diagnósticos e que TDAH virou "moda", mas, por outro lado, apenas 20% das crianças diagnosticadas corretamente se encontram em pleno e correto tratamento.[39]

O diagnóstico, portanto, deve envolver pais e cuidadores, profissionais de saúde médicos e não médicos, além de um especialista – tudo com base nos critérios do DSM-5 –, que use escalas e instrumentos específicos e aprovados para o trabalho com portadores do transtorno. Confira na tabela a seguir uma das abordagens diagnósticas do TDAH mais tradicionais:

| Suspeita | Abordagem inicial na avaliação | Confirmação do diagnóstico |
|---|---|---|
| • Sinais de dificuldades no rendimento em atividades domésticas e escolares; <br> • Uso de escalas de avaliação do comportamento. | • Critérios do DSM-5; <br> • Instrumentos de avaliação específicas para TDAH; <br> • Relatório escolar. | • Critérios do DSM-5; <br> • Avaliação do médico especialista; <br> • Avaliação neuropsicológica, fonoaudiológica e psicopedagógica. |

---

[39] MATTOS, P.; ROHDE, L.; POLANCZYK, G. *op cit.*

Nossos próximos passos discutirão a prescrição de medicamentos com eficácia comprovada e os demais tratamentos que permitem a quem tem TDAH – em uma ação que decidida sempre por uma equipe multidisciplinar –, ter um dia a dia mais adequado às exigências sociais, e, o principal, permitindo que desenvolva suas capacidades e desejos da vida. Antes de tudo, é fundamental saber identificar, a partir de um conjunto de fatores, quem realmente tem TDAH.

# CAPÍTULO 5

# Meios de identificar o TDAH

As tabelas do capítulo anterior trazem informações essenciais, mas o diagnóstico do TDAH pede leitura mais acurada e avaliação caso a caso. Em que medida um comportamento pode ser considerado traço de personalidade, uma fase ou um transtorno? Uma criança ir mal na escola pode ter vários motivos que não TDAH, só para ficarmos em uma das características mais frequentes. É por isso que neste capítulo vou comentar os itens apresentados pelo DSM-5, e você vai perceber com facilidade que é imprescindível procurar especialistas para uma correta identificação e acompanhamento.

Em mais de 55% dos casos, além do déficit de atenção, o TDAH pode apresentar hiperatividade e impulsividade,[40] que serão definidos a seguir:

---

[40] LARROCA, L.; DOMINGOS, N. TDAH – Investigação dos critérios para diagnóstico do subtipo predominantemente desatento. **Psicol. Escol. Educ.**, v. 16, n. 1, p.113-123, 2012. Disponível em: https://doi.org/10.1590/S1413-85572012000100012. Acesso em: 15 ago. 2021.

- **Hiperatividade** é o descontrole extremo para manter um comportamento adequado ao se realizar uma tarefa e se expressa por intensa inquietude motora, postura inadequada e com menos equilíbrio em momentos e situações regradas; excessiva exploração, por uma exagerada curiosidade, sem respeitar limites, controles sociais, regras e tempo de espera.
- **Impulsividade** é a incapacidade de desacelerar quando isso é necessário para cumprir com zelo e capricho momentos diversos da vida. O impulsivo atropela etapas, confunde-se em seus pensamentos, incomoda com suas falas ora exageradas ora inconvenientes e ora "perdidas", pois parece que o indivíduo não consegue fazer as coisas no devido tempo acordado, somente no seu (o que muitas vezes será insuficiente ou resultará em fracasso). Costuma responder antes das perguntas terminarem, "atravessa" o comentário dos outros e pode ter muita confusão na hora de decidir melhor sobre o que vai falar, para não humilhar ou aborrecer as pessoas.

## DSM-5 COMO GUIA

A mais clara descrição dos sinais e sintomas do TDAH se encontra no DSM-5, guia desenvolvido pela Associação Americana de Psiquiatria (AAP). Desde os anos 1960, esse manual auxilia médicos servindo de referência para consultas e estudos ao descrever os critérios de cada condição neuropsiquiátrica conhecida em cada período da história da saúde mental humana. O documento, que está na 5ª versão, passa por frequentes atualizações – a cada dez ou vinte anos – e participam de sua produção médicos especialistas, não especialistas, não médicos, profissionais de áreas afins e até educadores, em prol de um documento completo e validado por atividades que trabalharão em conjunto em diversas delas. A AAP reúne periodicamente profissionais de todo o planeta para avaliar milhares de artigos científicos e revisões da literatura médica internacional em busca de evidências acerca do que é produzido em saúde mental e áreas correlacionadas, como por exemplo os transtornos de neurodesenvolvimento.

 **Acho muito importante entender os critérios com profundidade e o que eles realmente significam, pois interpretá-los de modo literal pode induzir a erros e exageros.**

Qualquer manual tem como finalidade principal apresentar um conjunto de informações básicas, com cada item fazendo apenas uma breve apresentação do conteúdo que ele representa e lhe faltam muitos dos detalhes necessários. Geralmente a ideia é colocar apenas os tópicos de um conteúdo e não todos os seus pormenores, e para entender cada item dos critérios, é essencial ver todas as implicações e características clínicas e associá-las com a realidade que rodeia a pessoa avaliada.

Na prática, temos que "colar" os dados do DSM-5 aos outros aspectos cognitivos e comportamentais do transtorno, somando-o a outros fatores, como o impacto observado no desenvolvimento da criança, seu contexto afetivo, social e sua relação com os cuidadores.

Muitas pessoas nas redes escrevem que a divulgação desses critérios pode induzir pessoas a "patologizarem" os humanos, como se qualquer "probleminha" comportamental fosse uma doença. Na realidade, o conhecimento aprofundado de cada critério vai demonstrar que a intenção é a divulgação, e se bem utilizada, essa lista atende exatamente o alvo que se pretende: **identificar para ajudar e ajudar para incluir, permitir uma vida com qualidade, sem deixar passar aqueles que realmente têm o transtorno.**

É importante acrescentar que o uso isolado do DSM-5 não deve fechar o diagnóstico de TDAH, mas ser uma referência que, em conjunto com vários outros meios de avaliação, sejam base para a confirmação. A explicação item por item a seguir vai auxiliar no melhor entendimento das principais características.

**Um alerta:** por mais que você identifique nas descrições a seguir comportamentos seus ou de alguém com quem convive ou cuida, o primeiro passo é sempre procurar um especialista, nunca realizar por conta própria qualquer tipo de tratamento caseiro ou sem plena prescrição médica após longa avaliação, combinado? Então vamos lá.

## CRITÉRIOS DE DESATENÇÃO[41]

**a) Frequentemente não presta atenção em detalhes ou comete erros por descuido em tarefas escolares, no trabalho ou durante outras atividades, como por exemplo, negligência ou deixa passar detalhes, trabalho impreciso.**[42]

Ao deparar, logo de cara, com esse primeiro critério, muitos vão se perguntar: *mas todo mundo é assim, não?* Claro, todas as pessoas apresentam algum grau de desatenção. Muitas vezes, erramos ou derrubamos algo por descuido durante uma tarefa. Mas tal "erro", quando esporádico, e não comprometendo seriamente uma reputação ou autoestima, é normal e até mesmo esperado. Entretanto, quando a situação acontece com frequência trazendo prejuízos psicológicos significativos, temos que suspeitar de que algo não vai bem. A imprecisão frequente e as perdas de rendimento ocorrendo em um grau insuportável tanto para quem vive com a pessoa quanto para quem os comete não é normal.

Nesse contexto, parece que quase tudo o que a pessoa faz dá errado, não funciona ou será avaliado de maneira negativa. Eu digo *quase*, mas o que isso significa? Eis uma das chaves para se entender o TDAH: ao cumprir uma tarefa gostosa, prazerosa, curta e sem profundidade exigida, quem tem o transtorno consegue realizar tudo com tanta atenção quanto quem não tem. A dificuldade se apresenta quando a pessoa com TDAH tem de cumprir tarefas longas, que considere chatas, monóto-

---

[41] AMERICAN Psychiatric Association. **DSM-5:** Manual Diagnóstico e Estatístico de Transtornos Mentais. Porto Alegre: Artmed, 2014.
[42] AMERICAN Psychiatric Association. *op. cit.* p. 59.

nas, que exijam esforço acima do usual, envolvam regras, rotinas ou etapas sequenciais predeterminadas por alguma autoridade ou instituição.

Mas o que seriam essas tarefas *gostosas* e/ou *curtas*? Jogar vídeogame, ficar com a mente livre enquanto utiliza o celular, descobrir as funções de uma novidade eletrônica, como ao ganhar um brinquedo novo ou tablet; fazer coisas que dão prazer imediato. E as *longas* e *chatas*, o que seriam? Bem, a lista é grande: ler, escrever, calcular, descrever os passos de uma conta de matemática, organizar, planejar, pensar passos para resolver alguma coisa, procurar objetos perdidos, lembrar de fazer o "mais do mesmo" todos os dias, escolher roupas e utensílios, manter organizadas ferramentas e materiais, cumprir uma sequência de tarefas, lembrar datas, compromissos e situações mais urgentes antes de fazer o que mais deseja… Enfim, todas as coisas que temos que fazer todos os dias, ou que são esperadas que planejemos, organizemos como parte da sociedade.

Em uma analogia, é como se existisse uma labareda insuficiente para fazer ferver uma vasilha com água: o ambiente exige que se atinja 100 °C para a fervura, mas o "fogo" não tem a energia suficiente para essa demanda – mesmo tendo grande potencial global para atingir o que se espera. Assim, nesse ponto, não estamos falando mais de uma simples desatenção, mas sim de um *déficit de atenção*. Entendeu a diferença?

O déficit de atenção é caracterizado por uma enorme dificuldade em manter o foco suficiente e autocontrolado para poder permanecer fazendo bem e corretamente uma tarefa pelo tempo e esforço mental necessários. E isso não ocorre por "pensamento acelerado", mas por pensamento desorganizado.

Existem cinco tipos bem descritos de atenção:

- **Sustentada;**
- **Seletiva;**
- **Dividida;**
- **Alternada;**
- **Disfarçada (ou escondida).**

**Sustentada** é a atenção responsável por manter o foco em bom nível pelo tempo necessário. **Seletiva** é aquela que direciona mais foco para um estímulo, mas inibe o direcionamento para atividades secundárias. **Dividida** é a condição na qual se consegue manter um foco excelente em duas situações concorrentes. A atenção **Alternada** permite focar bem ora em um estímulo ora em outro, sem perder a qualidade da atenção durante a mudança. A **Disfarçada (ou Escondida)** é a atenção responsável por manter foco um pouco menor no início de uma nova tarefa enquanto se conclui a anterior. Por exemplo, quando se está escrevendo e alguém chega de repente ao seu lado, você consegue perceber essa pessoa ao mesmo tempo em que está absorvido pela escrita a sua frente.

O déficit de atenção afeta todos esses tipos que descrevi e provoca uma verdadeira desorganização no foco direcionado ao tentar executar tarefas mais complexas, diversificadas e com sequências interligadas.

O TDAH pode também levar a momentos de *hiperfoco* – quando uma pessoa tem uma concentração e dedicação exageradas em assuntos ou atividades que ela ama. Ao forçar demais o cérebro para atingir o foco ótimo exigido por uma tarefa, a pessoa se desliga do mundo. Ao ser chamada, tocada, ela simplesmente não percebe e o interlocutor tem que gritar ou aparecer no seu campo visual. Não é por menos que muitas crianças com TDAH, antes de chegar ao consultório de um neurologista infantil, são levadas pelos pais para exames auditivos.

O hiperfoco ganhou muita importância nas pesquisas clínicas, pois, além do exemplo prático que descrevi, também faz com que a pessoa com TDAH se fixe tanto no que gosta que acaba desligando da vida. Esse processo pode levar à procrastinação, à perda de tempo, a uma dificuldade em geral de administrar o tempo, deixando de fazer o que é prioritário e ser improdutivo ou impreciso, tanto na escola quanto no trabalho.

Qual será a fama dessa pessoa em suas rodas de amizade, na família ou no trabalho? Preguiçoso, irresponsável, folgado, lerdo, desligado, enfim, todos os rótulos sociais negativos.

O TDAH PODE TAMBÉM LEVAR A MOMENTOS DE HIPERFOCO – QUANDO UMA PESSOA TEM UMA CONCENTRAÇÃO E DEDICAÇÃO EXAGERADAS EM ASSUNTOS OU ATIVIDADES QUE ELA AMA.

**b) Frequentemente tem dificuldade em manter atenção em tarefas ou atividades lúdicas como aulas, conversas ou leituras prolongadas.**

Desde a época do namoro, era muito comum, em uma roda de conversas, minha esposa me cutucar, chutar, ou olhar para mim como uma águia, tudo com a intenção de me acordar para uma cena real que se desenrolava. Chato, né? Aliás, isso sempre me irritou muito! Mas era realmente isso que acontecia, as pessoas falavam comigo e eu estava em outro planeta. Chamamos isso de mente vagante – em inglês o termo é *mind-wandering*. Isso mesmo, pessoas com TDAH, ao se depararem com atividades que exigem esforço mental prolongado, podem, sem controle e muitas vezes sem consciência, entrar em um estado de stand-by. Ou seja, estão acordadas mas desconectadas do que acontece a sua volta, especialmente em circunstâncias usuais e monótonas.

E quais as consequências disso? A pessoa acaba perdendo falas de conteúdo significativo, fragmentos de conversas, momentos emocionais de um diálogo, propostas e ofertas embutidas em uma frase. Na leitura, esse stand-by acarreta ainda mais prejuízos: esquecimentos, dificuldade para compreender, interpretar, raciocinar, analisar e fazer sínteses conclusivas de um texto. Para entender o que leu, tem que reler mais vezes, levando a um cansaço mental e a frustrações por não atingir os mínimos objetivos propostos pela leitura.

O baixo nível de atenção leva também a problemas nas atividades lúdicas. Crianças com TDAH usam mal seus brinquedos, pois não se concentram o suficiente para entender a função completa e as possibilidades deles. São também impacientes para regras e instruções. Muitos pais relatam que a criança preferia brincar com gravetos e latas soltas do que se envolver com brinquedos mais elaborados, que exigiam longa interação com seus amiguinhos. Desistiam fácil e se voltavam para outros interesses, quase todos imediatos e sem criatividade. Essas crianças, com notável frequência, quebram e perdem seus brinquedos.

**c) Frequentemente parece não escutar quando lhe dirigem a palavra diretamente. Parece estar com a cabeça longe mesmo na ausência de qualquer distração.**

Esse critério também representa o que acontece em uma mente vagante. É como mostrei logo acima, então não vou me repetir, mas aproveitar para explicar a diferença entre desatenção e distração. Desatenção é a incapacidade de manter um foco sustentado, e está mais ligada a como você se engaja automaticamente para desempenhar uma tarefa. Distração é a incapacidade de ignorar estímulos inúteis a sua volta, em benefício de manter o foco prioritário. São a maneira como você se autocontrola e fecha as entradas de seu cérebro para o que aparece ao seu redor. Ambas existem como os sintomas principais do déficit de atenção, são essenciais para a integridade de funcionamento de seu cérebro e para a execução de qualquer tipo de tarefa.

**d) Frequentemente não segue instruções até o fim e não consegue terminar trabalhos escolares, tarefas ou deveres no local de trabalho, como por exemplo quando começa as tarefas, mas rapidamente perde o foco e facilmente perde o rumo.**

Existem dois tipos de tarefas: as que trazem recompensas imediatas e as que resultam em recompensas apenas a médio ou longo prazo. Para qualquer pessoa, é sempre mais fácil cumprir tarefas com recompensa imediata, não é mesmo? Mas, na realidade, essas costumam ser efêmeras e, passada a euforia do ganho e da motivação, logo perdem a importância, sem continuidade nem resultados mais sólidos.

Por outro lado, tarefas com recompensas a longo prazo não são rápidas em trazer prazer e euforia e requerem de quem as cumpre uma enorme habilidade em perseverar com a mesma energia do início e a manutenção do foco e do humor para se engajar a cada etapa. Tudo isso para uma sensação de vitória mais duradoura e profunda. O que se espera é que todos nós consigamos cumprir bem qualquer uma delas, mas infelizmente quem tem TDAH não consegue ir bem nas de longo prazo.

O TDAH leva a um desbalanço cognitivo por insuficiência de dopamina (responsável pela sensação de prazer) e, por consequência, incapacidade em conseguir insistir nas tarefas sem recompensa imediata. As pessoas com o transtorno, para perseverarem nas ações típicas do cotidiano – fazer bem-feito e no tempo necessário –, precisam se sentir muito mais recompensadas ao fazê-las. Sem isso, sua atenção vai logo ficar instável e baixar de forma significativa, levando a pessoa a desistir ou a não persistir o bastante.

Isso explica por que as crianças diagnosticadas demandam ter seus pais ou cuidadores ao lado a todo momento durante as tarefas. Os pais ficam chamando a atenção, cobrando, orientando a execução, pois se não o fizerem, a criança tampouco fará.

Nesses casos, os responsáveis relatam que veem o filho ou filha se perderem a cada momento e, mesmo notando que dominam o conteúdo, não conseguem se organizar para terminar o trabalho sem que muitas correções e retomadas sejam feitas.

**e) Frequentemente tem dificuldade em organizar tarefas e atividades, como por exemplo, gerenciar tarefas sequenciais; manter materiais e objetos pessoais em ordem; trabalho desorganizado e desleixado; mau gerenciamento do tempo e dificuldade em cumprir prazos.**

Esse critério exemplifica o que podemos chamar de *déficit de funções executivas*. No cérebro, temos, na região frontal, um conjunto de neurônios divididos em várias áreas especializadas em capacidade de planejamento e organização.

A região pode ser comparada a um maestro, um gerente, pois é responsável por controlar nossas ações e emoções durante o cumprimento de uma tarefa. Em quase 80% dos pacientes com TDAH, as funções executivas não funcionam direito e o resultado é este: desorganização mental para executar uma sequência simples de atividades.[43]

---

[43] WILLCUTT, E. G. et al. The neuropsychology of attention deficit hyperactivity disorder: validity of the executive function hypothesis. In: GOZAL, D.; MOLFESE, D. L. (ed.). **Attention deficit hyperactivity disorder:** from genes to patients. Totowa: Humana Press, 2005. p. 185-213. Disponível em: http://eknygos.lsmuni.lt/springer/534/185-213.pdf. Acesso em: 31 ago. 2021.

Uma mente desorganizada no mundo de hoje só pode resultar em grandes problemas na vida de alguém, não é mesmo? Isso leva a desajustes de localização no tempo e no espaço, esquecimento de etapas ou detalhes, falta de coordenação para trabalhar com ferramentas ou objetos essenciais e a conclusão da tarefa – quando ocorre – só pode ser incompleta ou simplória.

**f) Frequentemente evita, não gosta ou reluta em se envolver em tarefas que exijam esforço mental prolongado, como trabalhos escolares ou lições de casa; para adolescentes mais velhos e adultos, preparo de relatórios, preenchimento de formulários, revisão de trabalhos longos.**

Vamos esclarecer bem esse critério: o fato de pessoas com TDAH procrastinarem, deixarem tarefas inconclusas ou transferirem para terceiros as tarefas que exigem esforço mental prolongado, não quer dizer que elas achem bom assim ou que são preguiçosas. Não! E aqui está uma boa oportunidade para explicar o que significa *autoengajamento*: é a capacidade que temos de nos preparar emocional e racionalmente para assumir, antecipar e iniciar uma determinada atividade, missão, designação ou para cumprir uma ação na vida que, a princípio, parece difícil, desafiadora e repleta de informações meticulosas.

Várias pesquisas[44] com crianças têm demonstrado que aquelas

> Autoengajamento requer vontade, introjetar a energia que vem de uma autoridade ou instituição e imprimir valor a uma tarefa que, a princípio, não tem nada de muito importante, mas que precisa ser muito bem-feita.

[44] LING, Y. et al. The influencing mechanism of reward on executive function in heroin addicts. **Integrative Clinical Medicine**, v. 2, n. 1, 2018. Disponível em: https://www.oatext.com/pdf/ICM-2-114.pdf. Acesso em: 31 ago. 2021.

que mais demonstram autoengajamento são as que, no longo prazo, se destacam. Elas esperam pela recompensa tardia e, no trajeto praticamente sem ganhos, realizam o que for, ficando acima das expectativas e dos demais.

Já as pessoas com TDAH apresentam déficit de autoengajamento. Não conseguem iniciar nem manter boa performance quando não há prazer imediato. Precisam de cutucões e incentivos constantes para se mover.

Não confunda com preguiça nem com irresponsabilidade, pois normalmente, ao ver que deixaram de fazer o melhor, ficam tristes, constrangidas, culpam-se e se desculpam. Falam que aprenderam, não vão mais fazer aquilo e... logo voltam a cometer os mesmos erros.

**g) Frequentemente perde coisas necessárias para suas tarefas e atividades, como materiais escolares, lápis, livros, instrumentos, carteiras, chaves, documentos, óculos, celular.**

"Vive perdido e perde tudo". Ouvi isso por muitos anos. Com razão, meus pais – depois também a minha esposa – repetiam a frase quase que diariamente para mim. E como eu tentava, meu Deus, ser diferente! Com o tempo, criei um mecanismo que foi arrebatador e deu certo: colocar as coisas sempre no mesmo lugar. Quase alguém obcecado por organização espacial, sabe? Mas pelo menos já não perdia mais as coisas. O problema é que se alguém tirasse do lugar, começava tudo de novo.

Esse exemplo ilustra bem o TDAH. A atenção superficial, leve demais e oscilante leva a gente a não perceber com clareza onde deixa as coisas, mesmo as que usa no dia a dia. Além de perdermos objetos com muita frequência, costumamos também desgastá-los precocemente, quebrá-los mais vezes, deixá-los em lugares inimagináveis, emprestá-los e não lembrar para quem, combinar uma devolução que jamais ocorrerá etc.

**h) Com frequência é facilmente distraído por estímulos externos.**

Você já tentou falar ao telefone enquanto pessoas conversam a sua volta? Ou falar quando aparecem na sua frente fazendo gestos para chamar – ou tirar – sua atenção? Eu não consigo! A distração do TDAH faz

A INQUIETUDE EXCESSIVA É UMA DAS CARACTERÍSTICAS MAIS MARCANTES DO TDAH.

com que quaisquer estímulos inúteis concorram com o foco principal. Mas essa distração não ocorre apenas por estímulos externos mas também a partir dos internos: pensamentos, ruídos, músicas de que você gosta e que ficam tocando em sua cabeça o dia todo, momentos marcantes que ficam reaparecendo em flashes em vários momentos inesperados do dia. É como uma orquestra onde todos querem tocar ao mesmo tempo.

Muitos pacientes me relatam que esse estado errático de estímulos leva a um enorme cansaço no final do dia, além da irritabilidade e ansiedade por medo de ter feito algo errado. A impressão de que ninguém entende como é difícil viver assim piora a situação. A cada ação com tantas interferências, a sensação é de que tudo vai dar errado de novo e de novo.

## CRITÉRIOS DE HIPERATIVIDADE E IMPULSIVIDADE

Como comentei no início do capítulo, cerca de 40% dos pacientes com TDAH têm apenas o déficit de atenção com as características que acabei de descrever. Entretanto, em quase 60% dos casos, além do déficit de atenção, os portadores do transtorno apresentam também hiperatividade e impulsividade. A seguir e para melhor entendimento, vou comentar cada critério estabelecido pela AAP na DSM-5 sobre o assunto:

**a) Frequentemente remexe ou batuca as mãos ou os pés ou se remexe na cadeira.**

A inquietude excessiva é uma das características mais marcantes do TDAH. Mas é importante entender que essa não é uma inquietude infantil qualquer, mas aquela que atrapalha ações organizadas, sequenciais, dificultando a postura em uma situação que exija quietude e persistência.

Por exemplo, ao assistir a uma aula, devemos ficar sentados e praticamente inertes. Entretanto, no TDAH, isso é muito difícil: as pernas se mexem, mãos se apertam, os glúteos se deslocam para frente e para os lados, os braços ficam se expandindo para frente ou laterais – muitas vezes derrubando tudo! Com isso, além de se atrapalharem, esses estudantes incomodam os que estão do seu lado, tirando o foco de colegas.

A criança, constrangida, chega a dizer que não consegue se controlar. Nos bancos de igrejas, outro exemplo: com cadeiras geminadas, as pessoas da fileira sentem essa agitação típica de quem tem TDAH, se irritam com as recorrentes recaídas e chegam a pedir para que a pessoa saia ou fique em pé durante o sermão ou culto.

Algumas crianças com TDAH relatam que o movimento contínuo muitas vezes ajuda a aumentar o foco, assim como ficar manipulando um objeto em uma das mãos ou balançar freneticamente as pernas.

**b) Frequentemente levanta da cadeira em situações em que se espera que permaneça sentado.**

Existem atividades na vida que naturalmente podemos fazer em alta velocidade ou por meio de movimentos constantes sem nenhum prejuízo. Por outro lado, muitas coisas que fazemos exigem quietude, postura rígida, equilíbrio corporal, manutenção de uma abertura de braço ou adução das mãos para que seja bem-feito, não é mesmo? Ainda, muitas ações são antecipadas por avisos, regras e comandos de autoridades ou de cuidadores, e o que se espera é que acatemos e façamos um esforço para nos manter "comportados". Bem, com o TDAH não funciona bem assim.

Há uma irresistível e incontrolável vontade de se movimentar. A criança desabafa e se entrega: "Eu não consigo me controlar, mamãe". Na sala de aula, ela fica se levantando, circulando, conversando de carteira em carteira e incomodando o andamento da aula. O irresistível impulso de se levantar a faz se perder nas sequências de tarefas, não terminá-las a tempo ou deixar lacunas.

**c) Frequentemente corre ou sobe nas coisas em situações em que isso é inapropriado.**

A pessoa com TDAH tem o ímpeto de explorar ambientes de maneira exagerada, mexer em tudo sem inibição e, quando se movimenta, o faz sempre em uma enorme velocidade. Resultado: sobe em tudo sem desconfiar que está agindo, muitas vezes, de maneira inadequada e correndo grandes riscos. Mesmo previamente orientada, ela reage assim. Repete a ação mesmo depois de ser repreendida e, muitas vezes, até mesmo depois de ser punida.

Ao subir em lugares mais altos, inseguros, percebe que não planejou o perigo e, ao se aventurar a descer, pode ficar com muito medo.

Todas as ações costumam ser exageradas, mesmo nos menores espaços ou nas maiores alturas. Por isso, essas crianças caem mais, machucam-se e são mais hospitalizadas, visitam mais vezes os ortopedistas e se expõem a riscos muito maiores de graves sequelas.

Estudos da Rede de Pesquisa Europeia[45] em TDAH mostram que crianças não tratadas têm risco 62% maior do que as tratadas de sofrerem acidentes significativos e que necessitam de pronto atendimento.

**d)** **Com frequência é incapaz de brincar ou se envolver em atividades de lazer calmamente.**

Sempre comento no consultório que crianças com TDAH "enxergam com os dedos e parecem surdas". Falam sempre muito alto, berram mesmo em brincadeiras que não envolvam tanto burburinho. Tentam ganhar "no grito", acelerar o amiguinho com empurrões e estão sempre à frente nos jogos. Os pais, quando saem com elas, a toda hora repetem: "fala mais baixo!". Manter-se em silêncio é um enorme desafio para essas crianças, é quase impossível.

**e)** **Com frequência "não para", agindo como se estivesse "com o motor ligado".**

Crianças com TDAH suam muito e isso não deve ser surpresa para ninguém. Como vivem sempre acelerados, o coração e a adrenalina estão

---

[45] COGHILL, D. R. et al. Systematic review of quality of life and functional outcomes in randomized placebo-controlled studies of medications for attention-deficit/hyperactivity disorder. **European Child & Adolescent Psychiatry**, v. 26, n. 11, p. 1283-1307, 20 abr. 2017. Disponível em: https://www.ncbi.nlm.nih.gov/pmc/articles/PMC5656703/. Acesso em: 31 ago. 2021.

sempre no topo, em alta octanagem. A reação natural é suar, beber muita água e podem até comer menos. E por quê? Porque não conseguem ficar paradas nem para as refeições mais importantes do dia. Comem menos e gastam mais energia, mas também acabam desenvolvendo o hábito de petiscar o dia todo, justamente por não terem paciência de parar e comer o suficiente. E é essa atitude no deitar para dormir, esperar uma recompensa, aguardar a vez e ao brincar com brinquedos que exijam delicadeza maior. Viver a mil pode atrapalhar bastante!

**f) Frequentemente, fala demais.**

Falar demais significa não saber guardar segredos, falar exageradamente sobre as coisas, a todo momento atravessar as conversas, mal deixar o interlocutor abrir a boca. A criança com o transtorno acaba falando demais a ponto de impor seu ponto de vista inadvertidamente, não praticando o valor do silêncio e incomodando com sua voz quem está à sua volta.

Dos critérios do DSM-5, acredito que estes três dispensam maiores comentários, pois falam por si mesmos:

**g) Frequentemente deixa escapar uma respostas antes que a pergunta tenha sido concluída.**

**h) Frequentemente tem dificuldade para esperar a sua vez.**

**j) Frequentemente interrompe ou se intromete.**

# OUTROS CRITÉRIOS

• Alguns sintomas de hiperatividade e impulsividade ou desatenção que causam prejuízo devem estar presentes antes dos 12 anos de idade.

Modificado desde a última atualização dos critérios do TDAH, em 2013, esse critério vem demonstrar que, apesar dos sintomas de TDAH se iniciarem majoritariamente antes dos 7 anos, muito pacientes podem começar a expressá-los de modo parcial ou completo depois dessa idade – especialmente até os 12 anos. Mas, em alguns casos, os sintomas completos podem ter início no final da adolescência ou até na fase adulta.

• **Alguns prejuízos causados pelos sintomas estão presentes em um ou mais contextos. Escola, trabalho e casa, por exemplo.**

Os prejuízos devem acontecer nos mais diversos contextos e ambientes, mas podem ser mais intensos em alguns lugares do que em outros.

• **Deve haver claras evidências de prejuízo clinicamente significativo no funcionamento social, acadêmico ou ocupacional.**

Para darmos valor real aos sintomas, esses devem levar a incômodos e prejuízos verdadeiros nos mais diversos aspectos da vida. Avaliamos especialmente nestes três contextos: convívio com as pessoas, escola e trabalho.

• **Os sintomas não ocorrem exclusivamente durante o curso de um Transtorno Invasivo do Desenvolvimento, Esquizofrenia ou transtorno psicótico e não são melhor explicados por outro transtorno mental.**

O TDAH pode ocorrer simultaneamente a outras condições que alteram o comportamento infantil e, circunstancialmente, ser o quadro principal ou apenas uma comorbidade. O importante é que não se confirma nem se descarta o TDAH, tendo ou não essas condições associadas.

Há uma série de ações desenvolvidas para o tratamento dos mais diversos efeitos do TDAH. Vamos percorrer essas descobertas e práticas que partem de medicamentos, passam por uma atenção aos nossos comportamentos como pais e cuidadores, e chegam até a dispositivos eletrônicos e aplicativos que ajudam quem tem o transtorno a se organizar.

A INQUIETUDE EXCESSIVA É UMA DAS CARACTERÍSTICAS MAIS MARCANTES DO TDAH.

# CAPÍTULO 6

## O que fazer depois do diagnóstico?

Com o diagnóstico confirmado, o que fazer com o seu(ua) filho(a)? Primeiramente, o médico especialista deve produzir um laudo com o diagnóstico com base no Código Internacional de Doenças, versão 10 (CID-10). O laudo garantirá ao seu filho os direitos que o assistem na escola. Sem laudo garantido por lei, a escola tende a não tomar as medidas necessárias à criança. O laudo deve conter:

- Descrição do TDAH e como impacta a criança em questão;
- Encaminhamentos médicos e não médicos do que ela precisa para corrigir ou remediar atrasos e déficits gerados pelo transtorno;
- Relatos sobre o tratamento medicamentoso proposto e sua posologia;
- Orientação para a escola se a criança precisar de reforço ou professor de apoio, além de medidas específicas de adaptação curricular.

Também é importante o laudo trazer orientações de como se deve lidar com a criança dentro e fora da sala de aula e como oportunizar meios facilitadores para as avaliações e a melhora do rendimento.

Os pais devem conhecer o que significa o TDAH e como ele afeta a performance e o comportamento do filho. Devem também serem estimulados a buscar informações de como ajudá-lo, atenuando os efeitos emocionais e de baixa autoestima. Contribuindo para esse fim, o especialista deve reservar um tempinho da consulta para explicar bem o TDAH e o que se pode esperar do tratamento.

Normalmente, muitas dúvidas surgem com o diagnóstico e este tempo da consulta é um momento especial para esclarecê-las. Uma das mais comuns é sobre o tratamento medicamentoso. Em segundo lugar, como devemos proceder em relação à escola.

A exemplo do diagnóstico, o tratamento do TDAH também é multidisciplinar, mas ressalta-se, nesse processo, o papel da relação entre os pais e a escola. É essencial que a escola acolha a família e seja solícita para ajudar no que for possível. Já a família deve entender que os ajustes na escola podem demorar um pouco, mas tendem a ser equacionadas às necessidades da criança.

## A PACIÊNCIA DOS PAIS

É importante saber que nem toda escola já está preparada para atender um aluno com TDAH e o desconhecimento generalizado sobre o transtorno pode pegar a instituição desprevenida. Entretanto, as medidas que normalmente se tomam não são tão complicadas nem complexas e podem ser logo assimiladas pelos professores e gestores. A maior parte das medidas não é cara e pode ser inserida com rapidez na rotina de sala de aula.

Em paralelo com o trabalho da escola, os pais devem cuidar das medicações indicadas e alinhar ações durante as tarefas escolares em casa, ajudando a criança ou jovem a organizar seus materiais e trabalhos diariamente, até que ela assimile o processo.

> De nada adiantam brigas, discussões entre as partes, pois quem vai sofrer, com certeza, é a criança. Um panorama de beligerância acarreta constrangimentos a todos. A criança pode se sentir culpada, os pais tendem a se sentir ansiosos e inseguros. Eventualmente pode ocorrer, inclusive, um clima de perseguição.

Quem precisa de ajuda é a criança. Reconhecer que ela tem TDAH e lidar com as consequentes dificuldades deve ser o objetivo das partes. Se a escola permanecer resistente, os pais devem procurar outra instituição capaz de se alinhar às necessidades expostas no laudo.

De maneira complementar, os pais devem empreender um esforço para demonstrar que estão cumprindo sua parte em casa. Devem chamar oa criança, para uma conversa olho no olho, explicando que agora entendem o baixo rendimento na escola, passam a reconhecer que não era preguiça nem descomprometimento e que agora podem ajudar a diminuir as dificuldades.

Muitas crianças, com o passar do tempo, passam a se enxergar como incompetentes, burras, culpadas, com baixa autoestima. Vão desenvolvendo a sensação, dentro de si, de que não darão conta da escola e muito menos das exigências que aparecem nos seus compromissos da vida escolar. Os pais, ao conversarem com elas, colocam as coisas no seu devido lugar e a criança passa a ter uma nova perspectiva.

## A IMPORTÂNCIA DO ESTÍMULO

Crianças com TDAH funcionam quase igual às crianças sem o transtorno quando são estimuladas de modo positivo e motivadas com elogios ao seu esforço. Estudos mostram que punições e castigos de nada adiantam e dificilmente as incentivam o suficiente para melhorar e atingir ações que precisam cumprir para suas obrigações regulares[46]. Em crianças com TDAH, o manejo deve ser diferente.

Os pais devem, assim, elogiar cada pequeno avanço e agir como facilitadores ao auxiliar na resolução das suas atividades de rotina em casa e na escola. A criança tem que sentir que agora consegue cumprir o que se espera dela, para que na próxima etapa tenha motivação suficiente de dar passos cada vez mais amplos, em atividades que podem ser maiores.

Além disso, se bem-sucedidas, as crianças passarão a se engajar nas atividades com humor melhor, com mais atenção e com otimismo para novas experiências oportunizadas pela escola. Esse reforço positivo e sensação de conquista aumenta os níveis de dopamina e noradrenalina nas áreas cerebrais de atenção executiva.

> Posso afirmar, com certeza, que essa estratégia é a forma mais eficaz – em conjunto com a medicação e a psicoterapia comportamental –, de ajudar a melhorar o quadro clínico e cognitivo do TDAH.

## ALÉM DOS REMÉDIOS

Além do tratamento medicamentoso, existem tratamentos não medicamentosos do TDAH. A terapia mais importante, com mais evidências científicas positivas, é a cognitivo-comportamental (TCC) – nos aprofundaremos nela mais para o final do capítulo. Como em toda e qualquer terapia comportamental, é muito importante que os pais assimilem as estratégias e ativamente a implementem no ambiente familiar.

As crianças precisam viver em um lar organizado, com horários pré-determinados, com rotinas estabelecidas e o uso de meios visuais e materiais organizacionais para facilitar e memorizar hábitos.

---

[46] LUMAN, M. *et al.* Reward and Punishment Sensitivity in Children with ADHD: Validating the Sensitivity to Punishment and Sensitivity to Reward Questionnaire for Children (SPSRQ-C). **J Abnorm Child Psychol**, v. 40, n. 1, p. 145-157, 2012. Disponível em: https://link.springer.com/article/10.1007%2Fs10802-011-9547-x. Acesso em: 15 ago. 2021.

Reservar um espaço da casa para estudar – um ambiente silencioso –, e organizar com antecedência os materiais para o dia seguinte podem propiciar um bom começo. E deve-se repetir os passos todos os dias até que se torne um hábito consolidado. Crianças com TDAH demoram mais para memorizar rotinas e regras e habituá-las dessa forma vai ajudá-las a se lembrar mais rápido do que tem de fazer.

## O QUE MAIS PODE SER FEITO?

Os pais sempre me perguntam se existem outros exames que poderiam ser solicitados para investigar mais a criança. A resposta é: depende de cada caso. Antes de qualquer outra consideração, posso afirmar algo que já falei neste livro: não existem exames para TDAH.

Os exames que podemos vir a solicitar servem apenas para analisar melhor, em cada criança, a possibilidade de comorbidades médicas e neurológicas e que auxiliam na análise e cobertura completa do tratamento.

Por exemplo, no caso de histórico familiar ou pessoal de epilepsia, devemos solicitar um eletroencefalograma e verificar riscos possíveis de futuras crises epilépticas.

Exames que possam avaliar aspectos hormonais relacionados à tireoide ou a casos de puberdade precoce podem ser necessários, além de exames de neuroimagem nos casos onde existam atrasos globais de desenvolvimento e assim por diante.

Ao ser iniciada a medicação, devem ser pedidos exames rotineiramente para averiguar possíveis efeitos colaterais.

## MEIOS DE INTERVENÇÃO BASEADAS EM EVIDÊNCIAS CIENTÍFICAS

Sempre que iniciamos o tratamento de qualquer criança ou adolescente com TDAH, a primeira pergunta dos pais é: "Até quando vai durar o tratamento?" É natural querer ter uma certa previsibilidade e uma noção de finalização, de missão cumprida. É uma das maiores angústias que afligem os pais.

Vou ser bem sincero. O TDAH é uma condição em que a cura também não se define por exames, nem existe uma linha de separação entre permanecer em tratamento e concluir, recebendo uma alta médica formal. Cada caso é um caso, pois ao tratamento se mistura a personalidade da pessoa, as circunstâncias, e diversas outras situações. Por exemplo, se o paciente estuda e trabalha com aquilo que lhe dá prazer ou não. Tudo depende da resposta ao tratamento, tanto imediatamente quanto a longo prazo, e se as atitudes relacionadas aos problemas ainda respingam de modo negativo.

O que acontece é que temos que avaliar quais critérios do transtorno vão desaparecendo com o passar dos anos, e quais prejuízos desaparecem.

**Outro fator que temos que ponderar é a presença ou não de comorbidades médicas, neurológicas ou psiquiátricas. Se existentes, deve-se avaliar de quais tipos são e em quais intensidades se apresentam no paciente.**

Por exemplo, se além do TDAH o jovem tiver Transtorno Opositivo-Desafiador (TOD)[47], sua condução será mais demorada e a evolução mais instável. Muito da intensidade do TOD é influenciada pela presença do TDAH, e manter o tratamento do TDAH ajuda a equacionar melhor os efeitos do TOD.

Por outro lado, a presença de TOD no TDAH eleva muito o risco desse jovem vir a se envolver com más companhias, drogas, agir com profundo desrespeito com autoridades diversas, causar expulsões escolares e desagregação afetiva e emocional da família.

Em um caso desse, não seria fácil suspender o tratamento, não é mesmo? Os prejuízos tendem a ser maiores, mais persistentes e com

---

[47] BRITES, L.; BRITES, C. **Crianças desafiadoras:** Aprenda como identificar, tratar e contribuir de maneira positiva com crianças que têm Transtorno Opositivo-Desafiador. São Paulo: Gente, 2019.

efeitos severos em muitas circunstâncias – na maioria, imprevisíveis –, com graves possibilidades de perdas de oportunidades ou de quebra de vínculos familiares permanentes.

O tratamento, nesse caso, dependeria de muito suporte psicológico, estratégias de ação na escola e de manejo familiar, o que demandaria uma rede muito maior e mais densa de apoio. No consultório, dificilmente eu daria alta tão cedo a esse jovem e provavelmente estenderia seu tratamento até o início da fase adulta.

Outro exemplo importante: se, além do TDAH, existirem severas dificuldades de rendimento e de aprendizagem escolares, acompanhadas ou não de atrasos pedagógicos expressivos, incapacidade de compreensão de leitura, escrita e/ou de matemática, o suporte terapêutico deverá ser ampliado e, junto à medicação, será preciso acionar psicólogos, psicopedagogos, fonoaudiólogos, reforço escolar. Pode-se chegar à necessidade de ter um professor de apoio na escola.

## ALÉM DO CONSULTÓRIO

É claro, quando chegar o momento, teremos como sinalizar um limite para o tratamento. A depender exclusivamente da resposta pedagógica da criança e da resolução de seus problemas mais significativos de aprendizagem antes de se cogitar a suspensão do tratamento.

Assim, você já percebeu que a heterogeneidade da apresentação do TDAH e suas associações variáveis exigem que o tratamento seja multidisciplinar e personalizado. E quanto mais dependente de apoios de especialistas, mais improvável será uma alta em curto prazo.

Tantos profissionais, de tantas áreas diferentes, de eixos diversos – saúde, educação, familiar etc. – fazem com que nem sempre o tratamento seja linear e previsível. Muitas vezes não depende somente do médico tomar decisões ou ajustar a medicação.

Entretanto, como o TDAH é uma condição médica e suas implicações levam a efeitos mórbidos em vários aspectos da vida, seu tratamento deve seguir preceitos que tenham base em evidências científicas.

Isso significa que todo o direcionamento e as decisões para as práticas associadas aos melhores resultados precisam ser estruturadas a partir de reiteradas pesquisas e formação de sucessivos consensos comprovados por metodologia científica.

Essas pesquisas, por sua vez, utilizam-se de amostragens amplas, com grupos formados tanto por pessoas que tenham TDAH quanto por pessoas neurotípicas para a idade e colaboram para o desenvolvimento de cada paciente.

Nesses dois grupos, em paralelo, realizam-se estudos comparativos, em que um recebe um tipo de intervenção e o outro não. Os componentes de ambos não devem estar cientes das estratégias diversas e os pesquisadores devem estar cegos para o que se está fazendo em um grupo ou no outro. Dessa forma, evitam-se vieses nos estudos.

A partir de sucessivas e diversas pesquisas, com amostras de pacientes cada vez maiores, aplicando formas de análise estatística consideradas historicamente confiáveis, vão se avolumando evidências de que determinada intervenção *funciona* e *modifica*, de maneira significativa, o curso do transtorno ou do comportamento em estudo. Lembrando que as evidências também podem demonstrar o contrário.

## PUNIÇÃO NÃO FUNCIONA

Um exemplo marcante da importância de se embasar cientificamente as práticas e os meios de intervenção é o papel da *punição* no TDAH. Por muito tempo, por serem teimosas ao extremo, reincidentes nos exageros de suas ações, insensíveis às regras e rotinas, achou-se que o ato de punir crianças hiperativas seria a atitude natural para discipliná-las e modificar para melhor o comportamento. Engano. As pesquisas sobre esse tipo de manejo no TDAH demonstram que ele é ineficaz e não recomendável.[48]

---

[48] LUMAN, M. *op. cit.*

O TDAH É UMA CONDIÇÃO EM QUE A CURA TAMBÉM NÃO SE DEFINE POR EXAMES, NEM EXISTE UMA LINHA DE SEPARAÇÃO ENTRE PERMANECER EM TRATAMENTO E CONCLUIR, RECEBENDO UMA ALTA MÉDICA FORMAL.

**Outras pesquisas complementares, entretanto, demonstraram que oferecer pequenas recompensas imediatas e elogiar os acertos dessas crianças revelaram ser mais eficazes e favoreceram comportamentos novos e positivos, reduzindo, em algumas circunstâncias, a inquietude e levando a um efeito realmente modificador.[49]**

Mas foi no campo das terapias medicamentosas e nas psicoterapias que as pesquisas demonstraram o papel de contribuir com a tomada de decisões no tratamento do TDAH.

Segundo dados colhidos na Pubmed – uma das bases eletrônicas de pesquisas em saúde mais confiáveis – as primeiras pesquisas sobre uso de medicação no TDAH se iniciaram em 1971, ano que apresenta sete pesquisas sobre o assunto. Desde então, esse volume só aumentou e teve um boom a partir de 2005, com enormes picos de publicações em 2013 (325 pesquisas) e em 2014 (317 pesquisas).

Dentre os vários tipos e grupos de medicação existentes, os psicoestimulantes são os mais estudados, e atualmente são considerados os mais eficazes e seguros para o tratamento medicamentoso.[50] Os disponíveis no Brasil são: metilfenidato – Ritalina, Ritalina LA e Concerta – e lysdexanfetamina – Venvanse[51].

Existem ainda, em segundo plano – em ordem decrescente de eficácia –, as medicações não estimulantes (atomoxetina e guanfacina), antidepressivos (imipramina e nortriptilina), alfa-adrenérgicos (clonidina) e antipsicóticos (risperidona).[52]

---

[49] *Ibidem.*

[50] NICE. **Attention deficit hyperactivity disorder:** diagnosis and management. NICE guideline [NG87]. National Institute for Health and Care Excellence, Londres, 13 set. 2019. Disponível em: www.nice.org.uk/guidance/ng87. Acesso em: 15 ago. 2021.

[51] O uso dos medicamentos acima indicados depende, necessária e obrigatoriamente, da consulta do paciente ao profissional médico que o assiste. Caberá a ele, observadas as especificidades do caso concreto, prescrever a medicação adequada ao paciente. Não é recomendável a automedicação, a qual pode trazer sérios problemas ao paciente. [N.E.]

[52] *Ibidem.*

Esses estudos foram extremamente importantes[53] ao longo dos anos para apresentar dados confiáveis, para o uso de medicações no TDAH e reunir informações sólidas de como utilizá-las, meios de administrá-las, a partir de qual idade do paciente, os efeitos colaterais imediatos e de longo prazo, aspectos de segurança, dose de eficácia e de toxicidade, definição de riscos e apoios para arbitrar clinicamente os processos de indicação e decisão sobre uso etc.

Continuam em curso pesquisas gerenciadas por grupos interdisciplinares e multicêntricos, como a ADDUCE, referenciada anteriormente, que produzem análises e evidências de segurança e de resposta clínica no uso a longo prazo das medicações.

Em relação aos modelos de intervenção psicoterápicos, eles passam por diversas formas de pesquisas de validação e os estudos realizados têm o mesmo fim: definir melhor quais estratégias seriam mais eficazes para o tratamento. Nesse sentido, a psicoterapia cognitivo-comportamental é considerada, desde o advento das pesquisas, a melhor forma de intervenção não-medicamentosa no TDAH e, dentre as várias opções de terapias em psicologia, é a única com evidências suficientemente comprovadas.

Reunindo numerosas e crescentes evidências, esses estudos têm ajudado a desenvolver consensos e diretrizes de dimensão internacional para auxiliar na regulação e no direcionamento seguro dos tratamentos mais indicados para o TDAH – medicamentoso, psicoterápico ou educacional (familiar e escolar).

Um exemplo belo e ilustrativo de construção de consensos é o protocolo National Institute for Health and Care Excellence (NICE),[54] criado no Reino Unido em março de 2017, e desde então auxilia a criar programas de manejo em vários eixos de intervenção no TDAH. Ele é direcionado tanto a profissionais de saúde quanto de educação, pessoas com

---

[53] ADDUCE – Attention Deficit Hyperactivity Drugs Use Chronic Effects. Disponível em: www.adhd-adduce.org. Acesso em: 15 ago. 2021.
[54] NICE *op. cit.*

TDAH e familiares. Pode ser revisto de tempos em tempos, e é atualizado eletronicamente, útil como referência aos mais diversos países e organizações governamentais e não governamentais em todo o mundo.

Baseado nesse protocolo e em vários outros existentes – publicados por equivalentes a ministérios da Saúde nos EUA, Canadá, outros países europeus – temos uma padronização por idade no tratamento do TDAH, veja a seguir a indicação mais aceita:

- **Até os 5 anos,** indica-se somente psicoterapia comportamental, com treinamento de pais e modificações ambientais. Nenhuma medicação é recomendada;
- **Dos 5 anos aos 18 anos,** indicam-se medicação, terapia cognitivo-comportamental e suporte escolar e familiar;
- **Acima dos 18 anos ou fase adulta,** indicam-se medicação, psicoterapia comportamental e psicoeducação individual.

Mas, aqui vai minha primeira ressalva em relação ao tratamento de crianças abaixo de 5 anos: lembre-se de que temos que avaliar caso a caso. Há situações em que a medicação deve ser considerada, sim. Especialmente naquelas crianças que apresentam:

- Um quadro extremamente difícil de ser conduzido no cotidiano, quando os pais já se encontram desesperados, perdidos, cansados, e já relatam restrições para sair de casa com a criança;
- Pais depressivos, com transtornos severos de ansiedade ou em situações de esfacelamento da unidade familiar;
- Problemas significativos para iniciar e manter regularmente o sono noturno;
- Exposições recorrentes a perigos do ambiente, com risco iminente de acidente, ou que já foram hospitalizadas por traumas físicos desencadeados tanto por castigos ou punições quanto por quedas ou distrações. Em medicina, deve sempre

- **se dosar o custo-benefício e, na prática, medicar pode ser um salva-vidas tanto para a criança quanto para a família;**
- **Nos casos em que o treinamento de pais e as modificações ambientais não funcionem.**

*Treinamento de pais e modificações ambientais,* o que isto exatamente quer dizer? O treinamento de pais consiste na tomada de medidas direcionadas a engajar os pais em ações planejadas e organizadas voltadas para oportunizar a eles meios facilitadores para se controlar cognitivamente e autorregular-se emocionalmente, a fim de estimular a criança com TDAH a saber lidar com suas dificuldades no dia a dia da forma mais equilibrada e positiva possível.[55]

## OLHAR PARA SI, PELO BEM DA CRIANÇA

Para este momento, tenho que fazer algumas perguntas: o ambiente de sua casa é organizado? Você, cuidador, é um bom exemplo de organização, pontualidade, compromisso, e pode ser um exemplo positivo a ser seguido? Você, cuidador, busca ter bom vínculo com seu filho(a) e afetivamente procura demonstrar sua presença?

Essas questões têm um importante papel de autorreconhecimento e servem como dica inicial para o processo de como identificar se, como cuidador, você tem bons pré-requisitos para ajudar uma criança com TDAH. Se você respondeu sim a todas elas, começou bem. Se respondeu não em algumas ou em todas, o primeiro passo é mudar agora!

> **Veja bem, como posso querer modificar, em uma criança, comportamentos inadequados ou que trazem prejuízos às relações familiares se o próprio adulto da casa ainda age com infantilidade?**

[55] NICE *op. cit.*

Desejar ajudar alguém requer, antes de tudo, **dar o exemplo e demonstrar que você mesmo está trilhando este caminho.** E o caminho pode – e deve! – ser feito por quaisquer tipos de estrutura relacional: pais casados, separados, cuidador único, avós, instituições e por qualquer um que se disponha a querer cuidar de uma criança.

## TREINAMENTO PARENTAL

O treinamento parental (TP) ou de pais/cuidadores tem como diretriz a aplicação de ações intensivas, por três a dezesseis sessões, durante um curto espaço de tempo, como por exemplo, oito semanas. É realizado na casa da família e no consultório. Tem a finalidade de intervir em ambiente natural familiar, nos sinais e sintomas mais críticos do TDAH em crianças pré-escolares (abaixo dos 5 anos): o déficit de atenção e a falta de autocontrole (impulsividade).

Por falta de eficácia de recursos medicamentosos nessa idade pelo alto índice de resistência e de efeitos colaterais, esse tipo de manejo é um importante instrumento de saúde pública e prevenção de transtornos mentais.

Existem vários modelos de TP e eles podem ser direcionados de acordo com o perfil comportamental da criança e de aspectos de funcionalidade do núcleo familiar. A essência está no trabalho de estratégias de enfrentamento do comportamento difícil ou disfuncional da criança, com diferentes manejos sistemáticos envolvendo os pais ou cuidadores, em uma fase bem precoce da vida da criança, a fim de vir a reduzir o mais cedo possível os sintomas de TDAH. Se possível, ainda na infância.

Nessa fase da vida, o cérebro da criança está em franca modificação e possui sofisticada plasticidade, podendo se reorganizar, redirecionar e alterar a trajetória clínica do TDAH a longo prazo. São consideradas ações de intervenção cognitiva, treinamentos de suporte aos pais – que podem estar estressados, em um contexto de crise conjugal ou com problemas emocionais que precisam ser equacionados – e treino de habilidades de enfrentamento de comportamentos difíceis.

## O que fazer depois do diagnóstico?

O TP segue por meio de dois eixos de intervenção: manejo de ambiente familiar inadequado e abordagem comportamental entre a criança e os cuidadores.

**A qualidade da relação entre os pais e os filhos exerce grande influência no desenvolvimento infantil. Fatores como instabilidade familiar, vivência de problemas sociais e emocionais nos primeiros anos de vida, carência afetiva, cuidadores de perfil coercitivo, histórico de psicopatologia parental, entre outros, estão fortemente associados a aumento de risco de dificuldades emocionais e comportamentais nas crianças.**

A atenção ao devido tratamento do ambiente familiar para uma criança que, por natureza, é difícil de ser cuidada – e fica exposta, portanto, a abandono afetivo – é muito importante. Em relação à abordagem comportamental, os cuidadores e a criança deparam, sob a supervisão de um terapeuta, com práticas reeducativas e com desenvolvimento de maneiras mais adequadas de conduzir o comportamento de seu filho.

## COMO AGIR

Esse movimento leva a um novo tipo de convivência entre responsáveis e criança e ajuda a produzir sentimentos de esperança e compreensão. Muitos pais que outrora se sentiam impotentes e frustrados, a ponto de acharem que tudo estava perdido, com esse processo, assumem papel mais proativo, para mudar o que não era bom.

As práticas reeducativas são embasadas em conceitos de terapia psicológica para modificação do comportamento, buscando substituir estilos de disciplina permissivos, punitivos ou incoerentes para estilos baseados em firmeza, em um contexto de relação calorosa e aceitação.

Também é incentivado o uso de reforços positivos, elogios aos esforços e são ignorando os comportamentos indesejáveis.

Pais precisam, por meio de exemplos práticos aos filhos, demonstrar a eles que também são obedientes e tolerantes na relação com as pessoas, como avós, autoridades e demais regras da vida. As ações se centralizando na autonomia dos pais em exercerem o processo de ajuste no cotidiano e em vários contextos permitirão que novos e melhores comportamentos sejam generalizados para outros lugares e com outras pessoas.

Os mais conhecidos tipos de TP, entre os pesquisados e bem validados, são o New Forest Parenting Package (NFPP), Triple P-Positive Parenting Program (TPPPP), Parent-Child Interaction (PCI) e Behavioural Family Intervention (BFI).

No Brasil,[56] também existem versões deles com programas diversos com a mesma finalidade e divulgados em sites especializados, como o site Treinamento de Pais Online, criado e mantido pela Pós-Graduação da Faculdade de Medicina da UFMG.[57]

## MODIFICAÇÕES AMBIENTAIS

Crianças com TDAH, desatentas, impulsivas e hiperativas são, pela natureza de seu comportamento, desorganizadas, perdidas no tempo e no espaço, impulsivas demais a ponto de agir no ambiente com muita dificuldade de "fazer direito" as coisas do cotidiano. Esquecidas, precisam ser sempre estimuladas a se lembrarem de rotinas, regras, compromissos, combinados e de suas tarefas escolares. Reconhecidas essas limitações, recomenda-se que, tanto em casa quanto na escola, os cuidadores e os professores tomem medidas no ambiente da criança que facilitem suas ações e reduzam os fracassos e as frustrações subsequentes.

---

[56] Alguns sites e aplicativos estão descritos no fim do capítulo 9.
[57] TREINAMENTO de pais online. **UFMG**, 2020. Disponível em: https://tponline.medicina.ufmg.br/. Acesso em: 15 ago. 2021.

O Canadian ADHD Resource Alliance (CAADRA)[58] é uma organização canadense que envolve pais e profissionais no assunto e, em suas diretrizes, recomenda algumas medidas de modificação ambiental para potencializar o funcionamento cognitivo de seus filhos com TDAH:

- **Devido à desatenção para seguir instruções em várias etapas, a comunicação deve ser clara e direta, olho no olho ou com apoio físico e, de maneira gentil, deve-se passar instruções fazendo o filho repetir antes de continuar;**
- **Com relação à desregulação emocional e para evitar maiores conflitos familiares, evite gritar e discutir, usando uma abordagem positiva e compreensiva, com tom calmo. Deve-se incentivar técnicas que reduzem conflitos (respirar fundo), estabelecer metas alcançáveis, vincular a ganhos (passeios, tempo maior de computador, celular, tablet ou TV) e ensinar que para todo ato existem consequências;**
- **Ofereça opções para curtir lugares e recreações, sempre com número limitado de escolha (exemplo: "vamos no parquinho, mas, pode somente brincar em três brinquedos");**
- **Os pais devem também se autocontrolar mais nas suas emoções ao se dirigir ao filho com a intenção de disciplinar-lo ou dar ordens. Eles devem procurar estilo de vida saudável (refeições, exercícios, sono, hobbies) e incentivar todos na família a fazer o mesmo;**
- **Utilizar recursos e suportes de apoio em casa para ajudar a criança a cumprir suas rotinas e regras. Os pais devem ser consistentes, firmes, manter os "combinados", estimular os filhos a priorizar em vez de procrastinar, postar lembretes visuais, fazer listas de rotinas, aplicar prazos, usar pastas**

---

[58] CAADRA – Canadian ADHD Resource Alliance. Disponível em: www.caddra.ca. Acesso em: 15 ago. 2021.

coloridas, deixar as coisas sempre nos mesmos lugares, organizar, com antecedência, materiais que serão utilizados no dia seguinte e deixar em destaque locais para chaves, celular, eletrônicos. Deve-se sempre estipular prazos para cada etapa e dividir tarefas longas em etapas para aumentar a memorização e o engajamento;
- Pode-se, durante as tarefas de casa e na hora de dormir, deixar uma música ou ruído de fundo;
- Sempre manter o ambiente da casa bem organizado, com horários bem definidos, espaços bem delimitados para os mais diversos materiais, sem criar confusão ou poluição visual para que as rotinas sejam realizadas sem confusão nem perda de objetos ou de tempo.

## TERAPIA COGNITIVO-COMPORTAMENTAL (TCC)

O comportamento humano depende do resultado de interações constantes entre fatores diversos, desde aqueles mais biológicos (cognitivos) até os mais emocionais e circunstanciais da vida (ambiente).

Como a psicologia estuda o comportamento humano, é essa ciência que tem, em seu bojo de estratégias, as mais variadas aplicações de como entender e intervir: as psicoterapias.

Sendo assim, existem vários tipos de psicoterapia e, entre elas, a Terapia Cognitivo-Comportamental (TCC). A TCC parte do princípio de que a atividade cognitiva influencia primariamente o comportamento e que ele pode ser alterado se houver mudanças nos processos cognitivos.

Os primeiros livros e estudos utilizando o TCC no TDAH começaram a ser publicados ao final da década de 1980 e início da de 1990. Várias pesquisas de grande validade passaram a mostrar a eficácia de suas formas de intervenção no controle dos sintomas do TDAH e, especialmente, quando há comorbidades como TOD, Transtorno de

Ansiedade, Depressão, Autismo e Transtornos de Aprendizagem.[59] A terapia auxilia também no manejo de sintomas opositivos do TDAH, assim como seus problemas funcionais como procrastinação, dificuldade com o tempo, prazos e organização.

O objetivo do TCC é interromper essa bola de neve e reeducar o paciente para novas condutas mais efetivas, compensar os prejuízos e manejar as evitações. Seu modo de operação envolve psicoeducação, suporte de problemas emocionais – especialmente potencializado pela baixa autoestima –, treino de habilidades sociais e meios de enfrentamento.

> A pessoa com **TDAH** nasceu, cresceu, desenvolveu-se e formou sua personalidade alicerçada por crenças e processos mentais influenciados e moldados pelo "jeito **TDAH** de ser", que a levou a recorrentes fracassos e esse "jeitinho" gerou hesitações que, por sua vez, geraram novos fracassos e desmotivação.

Com o tempo, esse paciente deve ser incentivado a se educar sobre o TDAH e a como reagir aos seus efeitos nas habilidades executivas, na noção de tempo e espaço, na autoestima, nos pensamentos negativos e naquelas áreas onde, em cada caso, os prejuízos foram mais significativos.

Pouco esperançosos e muitas vezes em risco constante de desistir da terapia, os pacientes com TDAH precisam manter a esperança e serem constantemente motivados, caso contrário a TCC não funcionará. Assim, é muito importante que a família procure um especialista em TCC aplicado ao TDAH, que deverá ter experiência e utilizar técnicas

---

[59] CHEN, Q. *et al.* Common Psychiatric and Metabolic Comorbidity of Adult Attention-Deficit/Hyperactivity Disorder: A Population-Based Cross-Sectional Study. **PLoS ONE**, v. 13, n. 9, e0204516, 2019. Disponível em: https://doi.org/10.1371/journal.pone.0204516. Acesso em: 15 ago. 2021.

consolidadas, estar sempre atualizado com os estudos e com os critérios de observação do transtorno e suas comorbidades.

Como em outras áreas da medicina e de outras disciplinas afins, alguns psicólogos não entendem e nem sequer sabem o que é o TDAH e, portanto, não se encontram aptos para o tratamento desses jovens, e os pais ou adultos com TDAH devem se certificar de que o psicólogo tenham tais especificações.

No próximo capítulo, vamos discutir como podemos lidar sem medos – e mitos – com o tratamento medicamentoso e as formas de tratamento, que variam de acordo com a pessoa e a idade.

| CONSENSOS, PUBLICAÇÕES E GUIAS COM ORIENTAÇÕES BASEADAS EM PESQUISAS MULTICÊNTRICAS E EVIDÊNCIAS CIENTÍFICAS | |
|---|---|
| Associação Brasileira de Déficit de Atenção – ABDA | www.tdah.org.br |
| Attention Deficit Disorder Association – ADDA (em inglês) | www.add.org |
| ADDitude Mag (em inglês) | www.additudemag.com |
| ADDvice for ADD-Friendly Living (em inglês) | www.ncgiadd.org |
| The ADHD Report (em inglês) | www.guilford.com/journals/The-ADHD-Report/RussellBarkley/10658025 |
| Attention Magazine (em inglês) | https://chadd.org/get-attention-magazine/ |
| Children and Adults with Attention-Deficit/Hyperactivity Disorder – CHADD (em inglês) | www.chadd.org |
| NICE Guideline [NG87], Reino Unido (em inglês) | www.nice.org.uk/guidance/ng87 |
| The World Federation of ADHD Guide (em inglês) | http://cpo-media.net/ADHD/2019/ebook/HTML |
| National Resource Center for ADHD (em inglês) | www.help4adhd.org |
| ADD Resources (em inglês) | www.addresources.org |
| A.D.D. WareHouse (em inglês) | www.addwarehouse.com |
| The ADHD and Autism Trust - ADD-vance (em inglês) | http://www.add-vance.org/ |
| ADDconsults (em inglês) | www.addconsults.com |
| National Attention Deficit Disorder Information and Support Service – ADDISS, Reino Unido (em inglês) | www.addiss.co.uk |
| Canadian ADHD Resource Alliance, Canadá – CADDRA (em inglês) | www.caddra.ca |
| Centre for ADHD Awareness, Canadá (em inglês) | www.caddac.ca |

**PAIS PRECISAM, POR MEIO DE EXEMPLOS PRÁTICOS AOS FILHOS, DEMONSTRAR A ELES QUE TAMBÉM SÃO OBEDIENTES E TOLERANTES NA RELAÇÃO COM AS PESSOAS, COMO AVÓS, AUTORIDADES E DEMAIS REGRAS DA VIDA.**

# CAPÍTULO 7

# Meios de tratamento baseado em evidências científicas

**O** uso de medicações no TDAH é considerado o recurso mais poderoso e eficaz para se reduzirem os sintomas – tanto os sinais do transtorno quanto de suas comorbidades – e melhorar, de maneira significativa, os efeitos cognitivos no dia a dia. Antes de tudo: pode parecer óbvio, mas sempre devemos alertar que a automedicação ou a manipulação de remédios a alguém, sem a prescrição médica, é perigosíssimo e não deve acontecer. O que apresento a seguir é para que mais pessoas entendam que não se deve temer tal prescrição dos especialistas, pois os tratamentos são muitas vezes minados por fake news e mitos que escondem a verdade.

Como já exposto, antes dos 5 anos, o uso de medicação é incomum. Mas acima dos 5 anos, o uso é regular e quase constante, recomendado por consensos e pesquisas multicêntricas internacionais.

Os estudos acerca da medicação no TDAH são numerosos e têm eficácia comprovada, com resultados amplamente positivos. Ora, como esclarecido no capítulo anterior, o cérebro da pessoa com TDAH tem um déficit de dopamina e noradrenalina nas vias responsáveis pela atenção executiva. Portanto, é natural e clinicamente indicado que se procure envolver o uso de medicações para seu tratamento.

Mas não é qualquer tipo de medicação. A sabedoria popular e até alguns profissionais desatualizados por muitos anos achavam que, por causa da inquietude e a impulsividade dessas crianças, deveriam dar a elas calmantes ou sedativos. Ledo engano!

> **O TDAH é um problema de atenção e de autocontrole cognitivo e emocional e, portanto, deve-se intervir com psicoestimulantes.**

No capítulo anterior comentei que, além dos psicoestimulantes, pode-se indicar outros tipos e famílias de medicações. Mas os psicoestimulantes são classificados como de primeira linha para o TDAH e, por isso, merecerão o devido destaque aqui.

Essa família de fármacos aumenta o tempo e a quantidade da permanência de dopamina nos espaços que existem entre os neurônios das vias de atenção. Ao aumentar a capacidade de sustentar o foco, diminui a inquietude e a impulsividade. Mas, como toda a medicação estranha ao nosso ambiente biológico, pode ser interpretada pelo nosso corpo como algo indesejável, e então produzir efeitos colaterais ou não surtir qualquer efeito terapêutico. Pode também desencadear outros problemas que antes inexistiam. Veremos a seguir os desdobramentos possíveis com a medicação[60].

---

[60] O autor desta obra é um profissional médico renomado, que exerce suas atividades profissionais com responsabilidade e em observância aos preceitos éticos e legais norteadores da medicina. Por essa razão, a menção a qualquer medicamento no corpo desta obra, incluindo-se nome, dosagem, eficácia e efeitos colaterais, se dá a título meramente elucidativo. Por esse motivo, o emprego de qualquer medicamento indicado nesta obra, bem como a sua dosagem e os níveis de eficácia, devem ser aferidos diretamente pelo médico assistente. Da mesma forma, a menção aos medicamentos não implica no estímulo à automedicação. Pelo contrário, o autor é totalmente contrário à aquisição de qualquer das substâncias indicadas nesta obra sem que haja prescrição médica. A indicação de qualquer medicação compete ao médico responsável. [N.E.]

# COMO AGEM OS PSICOESTIMULANTES

Os psicoestimulantes são indicados para uso no TDAH a partir dos 5 anos e devem ser mantidos caso os sintomas existam na adolescência e na fase adulta. A eficácia pode superar os 80% e esse pode ser considerado, na história da medicina, uma das famílias farmacológicas de maior sucesso na aplicação clínica[61].

A sua ação no cérebro leva ao aumento da atenção sustentada e seletiva e da capacidade de se autoengajar mais e melhor em uma atividade de longa duração que exija esforço mental contínuo sem que haja recompensa imediata.

Ela permite que a criança consiga, frente a uma tarefa qualquer, se concentrar o suficiente. Os pais relatam que o filho passou a ter mais autonomia e iniciativa após o início do uso do remédio. E verificam aumento da capacidade de memorizar os detalhes do que estão fazendo. Além disso, essas substâncias ajudam a criança a concluir e reduzir os erros por causa da desatenção e do descontrole motor e postural, causados pela impulsividade.

Vários estudos comprovam a eficácia nos processos de aprendizagem escolar de crianças com TDAH que envolvem atenção executiva, como na leitura, na escrita, em atividades matemáticas, além de um aumento do rendimento nas terapias paralelas, que muitas vezes são necessárias.[62]

No que tange ao comportamento, essa medicação reduz a impulsividade e há maior capacidade de entender a necessidade do autocontrole (e conseguir se controlar) em ambientes estruturados, formais, que exijam postura mais rígida.

---

[61] SPENCER, T. J. et al. Effect of psychostimulants on brain structure and function in ADHD: a qualitative literature review of magnetic resonance imaging-based neuroimaging studies. **The Journal of Clinical Psychiatry**, v. 74, n. 09, p. 902-917, 15 set. 2013. Disponível em: https://pubmed.ncbi.nlm.nih.gov/24107764/. Acesso em: 31 ago. 2021.

[62] ZUDDAS, A. *et al*. ADHD Treatment: Psychostimulants. *In*: BANASCHEWSKI, T.; COGHILL, D.; ZUDDAS, A. **Oxford Textbook of Attention Deficit Hyperactivity Disorder**. Oxford: Oxford University Press, 2018.

A indicação dos psicoestimulantes depende de cada caso, varia de pessoa para pessoa e sempre deve ser feita com recomendação e acompanhamento médico especializado. Devem ser considerados vários requisitos para essa decisão: idade do paciente, necessidade de duração diária do efeito da medicação; tempo de ação da medicação; presença ou não de comorbidades clínicas e/ou psiquiátricas; presença prévia ou simultânea de outras medicações; associação com outros psicoestimulantes; uso recreativo e história pessoal ou familiar de drogadição; efeitos colaterais e as condições financeiras para sua aquisição.

O especialista em TDAH tem todo o preparo e as prerrogativas de formação e experiência para iniciar e conduzir o tratamento com essas medicações, e levando em consideração todos esses fatores, para indicar e observar a evolução da criança. Os pais devem, preferencialmente, buscar esse profissional para tratar o filho.

## O QUE TEMOS À DISPOSIÇÃO NO BRASIL[63]

Os tipos de estimulantes presentes no Brasil são de dois tipos farmacológicos: o metilfenidato e a lysdexanfetamina. O metilfenidato existe para tratamento do TDAH desde os anos 1960 e, por isso, é o mais estudado e com o qual os especialistas têm maior experiência prática.

Seu mecanismo de ação é aumentar a quantidade de dopamina dentro do espaço que liga um neurônio ao outro por meio da fixação de sua molécula no receptor de dopamina.[64] Ou seja, ele faz um represamento, mantendo a dopamina por mais tempo naquela região. É um processo que não leva a lesão cerebral nem sequelas, e é reversível.

---

[63] O uso dos medicamentos indicados depende, necessária e obrigatoriamente, da consulta do paciente ao profissional médico que o assiste. Caberá a ele, observadas as especificidades do caso concreto, prescrever a medicação adequada ao paciente. Não é recomendável a automedicação, a qual pode trazer sérios problemas ao paciente. [N.E.]

[64] ZUDDAS, A. *et al. op. cit.*

O metilfenidato se apresenta para uso clínico sob duas formulações: o de imediata liberação (Ritalina) e os de liberação lenta (Ritalina LA e Concerta).

Na imediata liberação, há apenas uma dosagem (10 mg) e age por aproximadamente quatro horas. Na prática, dependendo da criança, pode durar até seis horas. Devem, portanto, ser tomados de duas a três vezes ao dia.[65]

O medicamento de imediata liberação costuma ser mais utilizado nos esquemas descontinuados e quando os efeitos de redução do apetite permanecem fortes o dia todo. No final de sua ação, em alguns pacientes, o efeito pode cair rapidamente e logo a criança volta a ficar muito agitada ou irritada – chamamos de efeito rebote. Mas existem formas de remanejo.

Na liberação lenta, apresentam-se em várias titulações de dose: Ritalina LA 10mg, 20mg, 30mg e 40mg, que duram de seis a oito horas, e o Concerta 18mg, 36mg, 54mg, que duram de dez a doze horas.[66]

A medicação de liberação lenta tem a vantagem de ser ingerida somente uma vez ao dia, com menor risco de esquecimento, pois se toma logo de manhã. Além disso, não tem efeito rebote. Mas, infelizmente, são mais caros e nem sempre acessíveis às condições financeiras de todas as famílias.

A decisão vai depender de cada caso, seguindo as orientações do médico prescritor. O que eles têm em comum são os efeitos colaterais, que variam de intensidade, de acordo com sua formulação ou o perfil e a sensibilidade da criança.

## DOS EFEITOS COLATERAIS

Nesse campo, várias pesquisas foram produzidas, com os mais diversos objetivos, para se compreender os efeitos colaterais mais comuns e eventuais impactos negativos na criança, a curto e longo prazos.

[65] *Ibidem.*
[66] *Ibidem.*

Após extensas pesquisas, sabemos quais são os efeitos colaterais mais comuns: insônia, nervosismo, redução do apetite, dor de cabeça, dor abdominal, taquicardia, alterações na pressão arterial e na frequência cardíaca.

Os efeitos mais raros incluem desaceleração do ganho de peso e redução discreta do crescimento pôndero-estatural, que são mais comuns com o uso prolongado. Muitos desses efeitos são transitórios e podem ser controlados pela redução da dose ou por descontinuações programadas, sempre avaliando o custo-benefício[67].

É importante fazer o acompanhamento e informar toda e qualquer mudança percebida para o profissional que assiste o caso. Dessa forma, ele conseguirá manejar da melhor forma os efeitos negativos. O tratamento não pode parar, ele é contínuo na maioria dos casos. Em apenas alguns, a medicação é descontinuada nos finais de semana, o que chamamos de **feriado terapêutico.**

## QUANDO ADOTAR UMA OU OUTRA FORMA DE ESQUEMA TERAPÊUTICO?[68]

Vai depender de cada caso: da experiência acumulada do especialista que acompanha o paciente e da resposta prática observada durante o processo terapêutico, de cada situação apresentada no consultório, depende também da família e do perfil comportamental do paciente. Em muitos casos deverá haver uma conversa do médico que o assiste com o restante da equipe multidisciplinar para planejar as melhores estratégias. Dito isso, é importante que o leitor logo entenda que o propósito do livro não é preconizar um tratamento único, nem definir os passos que devem ser dados, pois a prioridade é a relação médico-paciente.

---

[67] ZUDDAS, A. *et al.* op. cit.

[68] O esquema terapêutico a ser utilizado depende, necessária e obrigatoriamente, da decisão do médico que assiste o paciente. As informações indicadas foram inseridas apenas a título elucidativo e, em hipótese alguma, podem ser consideradas pelo leitor como a conduta médica adequada a ser utilizada. Por isso, recomenda-se que o médico responsável pelo tratamento sempre seja consultado. [N.E.]

O USO DE MEDICAÇÕES NO TDAH É CONSIDERADO O RECURSO MAIS PODEROSO E EFICAZ PARA SE REDUZIREM OS SINTOMAS – TANTO OS SINAIS DO TRANSTORNO QUANTO DE SUAS COMORBIDADES – E MELHORAR, DE MANEIRA SIGNIFICATIVA, OS EFEITOS COGNITIVOS NO DIA A DIA.

Naqueles onde a desatenção é mais leve, mais escolar, sem efeitos significativos nem com altos prejuízos no dia a dia, preconiza-se o uso descontínuo. Nos casos em que os prejuízos transbordam para fora de casa e da escola e que levam a problemas de socialização, conduta, impulsividade, instabilidade de temperamento e tendência a expor a vida a riscos, recomenda-se o uso contínuo.

Essa decisão deve ser tomada pelos responsáveis em conjunto com o médico. Contudo, é importante cercar-se também de informações advindas da escola e de profissionais não médicos que atendem a criança para avaliar melhor que caminho tomar.

Estudos mostram que a medicação deve ser ingerida até quarenta minutos antes das atividades diárias, mas isso pode variar de pessoa para pessoa.[69] A medicação pode ser ingerida antes ou depois das refeições, não havendo diferença alguma quanto a sua eficácia. Para proteger o estômago de uma possível gastrite, entretanto, costumo pedir para tomar antes das refeições.

As pesquisas clínicas – especialmente encontradas no estudo ADDUCCE –, em todos esses anos, têm mostrado dados significativos e subsídios para orientar como lidar pontualmente com efeitos colaterais.

A seguir, daremos mais detalhes sobre alguns desses efeitos e como contorná-los.

## PERDA DE APETITE

A perda de apetite, um dos mais preocupantes efeitos colaterais, costuma ocorrer nas primeiras semanas e tende a desaparecer. Mas, em alguns casos, pode persistir. Nesses, pode-se reduzir a dose (a critério médico) ou elevar as calorias alimentares diárias, monitorando o peso continuamente.

No caso de perda constante e persistente de peso (exceto se a criança tiver sobrepeso ou for obesa), deve-se diminuir a dose (sempre a critério médico) e/ou aumentar a ingestão de calorias em todas as refeições, in-

---

[69] *Ibidem.*

cluindo lanchinhos nos intervalos. Pode-se considerar também a pausa nos finais de semana.

## INSÔNIA

No caso de insônia, pode-se evitar administrar a medicação após as 15 horas – caso seja o metilfenidato de liberação imediata –, reduzir a dose ou mudar a formulação no caso das apresentações de liberação lenta.

Em alguns casos – entre 1% e 2% –, o paciente pode vir a apresentar o chamado "efeito-zumbi", quando a criança passa a ficar muito parada, lenta e meio que indiferente ao que acontece a sua volta, dando a impressão de estar dopada. Nesses casos deve-se pensar em reduzir a dose, descontinuar ou até mudar a formulação, sempre sob orientação médica. O mesmo deve ser feito em caso de tiques.[70]

Antes de iniciar o tratamento com estimulantes, deve-se atentar a alguns aspectos muito importantes:

- **A criança deve ser encaminhada também para suporte não medicamentoso, dependendo da necessidade de cada caso: psicológico, fonoaudiológico, psicopedagógico etc.;**
- **Deve-se verificar se o paciente tem, na família e no seu histórico, problemas cardiovasculares, problemas de pressão arterial e arritmias;**
- **Observar regularmente o peso;**
- **Solicitar eletrocardiograma em caso de problemas cardiovasculares observados ou relatados;**
- **Verificar se há riscos de uso inadequado (consumo em festas, distribuição entre os amigos) por determinados grupos e seus pares como, por exemplo, adolescentes com comportamentos de risco ou que vivem sem supervisão constante de um cuidador.**

[70] ZUDDAS, A. *et al. op. cit.*

## ADVERTÊNCIAS

O metilfenidato, por ser um estimulante de atenção e que melhora as funções cognitivas, pode ser indevidamente utilizado com o intuito de turbinar o cérebro e melhorar a performance quando vão fazer provas, concursos públicos, entrevistas de emprego ou ao participarem de festas noturnas. Ao ficarem sabendo dessas práticas, muitas pessoas acabam conseguindo a medicação clandestinamente[71].

Nesses casos, chamamos isto de uso *off label* ou *misuse*. É um fenômeno comumente observado nas relações humanas com as medicações em geral e não somente com o metilfenidato.

Nessas situações, existem perigos? Sim. Como já citei, é importante que as pessoas procurem aconselhamento médico e que o profissional conheça o histórico do paciente e a real necessidade de fazer uso dele. Mesmo *off label*, os efeitos colaterais e os riscos mais graves existem. Por exemplo, quem usar a medicação de modo ilegal, sem indicação clínica, e tiver risco aumentado de esquizofrenia ou transtorno bipolar pode vir a ter um surto psicótico. Se tomar associado à bebida alcoólica pode sofrer intoxicação e alucinações.

Para inibir o uso *off label*, o sistema público de saúde tem empreendido um controle oficial por meio dos agentes de vigilância sanitária, e o uso de receituário amarelo para obtê-la.

## OUTRA OPÇÃO

Outro psicoestimulante disponível no Brasil é a lysdexanfetamina. Ela é um derivado das anfetaminas e tem se demonstrado em testes clínicos como uma alternativa eficaz e segura para o uso no tratamento

---

[71] Todo e qualquer medicamento somente pode ser utilizado após a prescrição médica e adquirido junto aos estabelecimentos formais devidamente autorizados pela ANVISA a comercializá-los. A aquisição de medicamentos sem receita ou através de canais não oficiais pode trazer problemas médicos e jurídicos ao paciente. Por isso, recomenda-se ao leitor que não adquira qualquer medicamento sem prescrição médica. [N.E.]

do TDAH. Sua ação se faz por meio de duplo mecanismo, com a finalidade de aumentar a dopamina: eleva a produção e reduz a reabsorção, represando-a.[72]

Sua apresentação comercial é o Venvanse (nas doses de 30mg, 50mg e 70 mg). Assim como o Concerta, tem liberação lenta e um alto custo. Por isso, dependendo do perfil do paciente e da sua família, poderá não ser a primeira opção. Ademais, por ser de longa duração, pouco controle se tem de seus efeitos colaterais comparáveis ao do metilfenidato.

Assim, muitas vezes é preferível e recomendável, iniciar o tratamento com as apresentações de liberação rápida para ver a segurança e a resposta clínica do paciente e, depois, verificar a viabilidade ou não das apresentações de liberação lenta. No geral, deve-se buscar o uso das de liberação lenta.

Existem implicações importantes do tratamento medicamentoso com estimulantes quando consideramos a presença das comorbidades mais comuns do TDAH. Esses medicamentos podem piorar sintomas de ansiedade, alterar o sono (que no TDAH já não é normal) e aumentar o risco de crises epilépticas naqueles pacientes que apresentam algum tipo de predisposição a epilepsia.[73] Mas todas essas possibilidades de evolução clínica variam de pessoa para pessoa e podem ser amenizadas e administradas com medidas de remanejo de dose, associação com outras medicações ou alteração de horários de administração, além do acompanhamento de um especialista. E, apesar disso, costumam melhorar as dificuldades e os transtornos de aprendizagem escolar, TOD e os problemas de humor. A seguir, veremos como a escola pode complementar de maneira fundamental esses cuidados.

---

[72] ZUDDAS, A. et al. op. cit.
[73] Ibidem.

# CAPÍTULO 8

# Inclusão na escola

É na escola que o TDAH proporciona seu impacto mais negativo nas pessoas, entre tantos lugares e outras circunstâncias. O ambiente escolar pode ser definido como um protótipo de vida social, comunitária, e serve como um modelo de nossas vidas no futuro – pessoal, afetiva e no mercado de trabalho. Além disso, exige posturas, comportamentos, procedimentos que fazem com que a criança, aos poucos, aprenda a se portar nas atividades e a lidar com os mais diversos tipos de materiais e ferramentas.

As atividades realizadas na escola, incluindo os materiais utilizados, são previamente estruturadas com metodologias prontas, embasadas por propostas formalizadas, adotadas por professores, coordenadores pedagógicos, gestores da instituição e pelas autoridades municipais, estaduais e federais. Ou seja, a criança tem de se adaptar e aprender novas formas de ação e de autocontrole. Portanto, a ter comportamentos mais adequados, na expectativa de ser aprovada pelo consenso e pelo controle sociais, representados pelas autoridades da escola.

Qualquer criança que não se enquadre ou não consiga dar conta dessa realidade será alvo de observações negativas, comentários, exposição e punições graduais. Se seu rendimento tenha sido insatisfatório em fases anteriores (pré-escola e educação infantil), poderá perder requisitos importantes para aprendizagens futuras, especialmente nas habilidades que dependam de fluência e compreensão de leitura, performance de escrita, raciocínio baseado na linguagem e conceitos de matemática.

Nesse sentido, é importante entender que a aprendizagem escolar depende muito de capacidade de execução (planejamento, definição de prioridades e organização), memória operacional (mentalizar sequências e detalhes básicos a complexos) e atenção (seletiva, sustentada, alternada, dividida, com tempo de reação suficiente), além de outras habilidades que envolvem percepção visual, auditiva, espacial e estruturas básicas da rede de linguagem no cérebro.

Déficits nessas habilidades ou lacunas no desenvolvimento vão, com certeza, comprometer a evolução escolar. Tais processos podem ser desencadeados por várias condições médicas, psicológicas, sensoriais, emocionais, sociais e até por falhas pedagógicas na alfabetização.

Tendo lido as páginas anteriores, você pode imaginar o que acontece a uma criança com TDAH na escola? Se fizer uma comparação entre os critérios do TDAH no DSM-5 e o comportamento necessário para uma criança ou adolescente ter uma evolução estável e produtiva na escola, verá que cada critério existe em direta correlação com outro que se pode observar na performance da criança na escola, um basicamente em oposição ao outro.

Vou dar um exemplo, a partir do primeiro critério referente à desatenção:

**Frequentemente não presta atenção em detalhes ou comete erros por descuido em tarefas escolares, no trabalho ou durante outras**

## Inclusão na escola

**atividades.** Na escola, esse critério parece muito fácil de se verificar. Baseado nele, podemos observar como a criança cumpre suas atividades: Não guarda detalhes? Comete muitos erros? Perde objetos e instrumentos importantes? Não percebe as próprias falhas?

Pode-se aí ligar outros comportamentos e extrapolar para a relação com família e amigos: os pais têm de estar sempre supervisionando, permanecendo ao lado para as tarefas, por que as atividades acabam saindo imprecisas ou incompletas quando as tenta cumprir sozinha? Enfim, veja quantos pormenores podem ser descritos para avaliar uma criança apenas a partir desse primeiro critério, no que diz respeito à escola.

**Além de ser o espaço mais importante para se estruturar meios de inclusão no TDAH, a escola é também o melhor espaço para se identificar essas crianças.**

Espera-se que todas as crianças tenham um rendimento satisfatório em cada etapa escolar. Esse processo depende de fatores de seu neurodesenvolvimento, sua estimulação e promoção de requisitos básicos que as incentive a ler, escrever e contar desde muito cedo. Também depende apoio lúdico e adaptado a sua idade. Se tudo isto for oferecido, resta-nos agora e sempre esperar que o cérebro de cada criança dê conta do recado, e se desenvolva por meio das próprias habilidades cognitivas.

As que não conseguem ter rendimento satisfatório devem ser identificadas e encaradas como aprendizes de risco. Elas precisarão de reforço e de novos meios de ensino para compreenderem e memorizarem melhor os conteúdos. Esse é o caso de 80% das crianças em fase escolar que têm TDAH.[74]

---

[74] DUPAUL, G.; STONER, G. *op. cit.*

Entretanto, dependendo da demora no diagnóstico, muita coisa pode piorar ao longo dos anos escolares, criando lacunas imensas, perda de grandes volumes de conteúdo, resultando na não aquisição de habilidades básicas de leitura, escrita e matemática. A criança pode chegar aos 10 anos sem saber ler ou fazer cálculos simples. Nesses casos, ela vai precisar de suporte suplementar com intervenções mais individualizadas, especializadas, por profissionais da área clínica, como psicopedagogos e fonoaudiólogos.

Nos casos mais severos de TDAH, há crianças que sequer conseguem ler e calcular, o que pode evoluir para um transtorno de aprendizagem. Nesses casos, precisam de adaptação curricular e medidas compensatórias, facilitadoras nas atividades de sala, tarefas e avaliações.

Podemos dizer que há três perfis de crianças com TDAH na escola:

1. **Com dificuldades pontuais de rendimento;**
2. **Com dificuldades maiores com lacunas de conteúdo e atrasos na aprendizagem;**
3. **Com transtorno de aprendizagem.**

Para cada grupo, uma necessidade diferente.

Uma professora certa vez me perguntou: crianças com TDAH devem ser encaminhadas para a sala de recursos? Minha resposta foi depende do tipo e do nível de dificuldade escolar de cada criança. Deve-se fazer uma avaliação interdisciplinar e psicopedagógica para tomar tal decisão.

Crianças do **perfil 1** precisarão apenas de medidas psicoeducativas comuns, de suporte geral da escola e dos pais, que detalharei aqui. As do **perfil 2** precisam de reforço escolar, suporte psicopedagógico e, muitas vezes, de apoio de professor particular. As do **perfil 3**, por sua vez, precisarão de atendimento clínico interdisciplinar especializado e sala multifuncional de recursos, além de medidas especializadas para aprenderem a ler e escrever, mesmo estando em séries avançadas.

É IMPORTANTE A ESCOLA VERIFICAR SE A CRIANÇA ESTÁ MEDICADA E SE VEM SENDO ACOMPANHADA REGULARMENTE POR UM MÉDICO ESPECIALISTA.

> Mas aqui vai uma dica valiosa: quanto mais cedo identificarmos crianças com **TDAH**, menor o risco de elas precisarem de uma imensa rede de ajuda dentro e fora da escola.

Temos de lembrar que nessa rede estão seus cuidadores, seus pais, que muitas vezes terão de se sacrificar mais para levar as crianças aos atendimentos. E elas, por sua vez, brincarão menos, passando seus contraturnos em terapias e idas mais frequentes à escola. Tal situação pode aumentar o estresse e a vulnerabilidade emocional (fora as constantes cobranças de todos e de si mesma). Esse ciclo pode ser reduzido, até evitado, se o diagnóstico for o mais precoce possível. Provavelmente essa seja a primeira atitude inclusiva que podemos oferecer.

## ESCOLA, SEMPRE!

Outra coisa muito importante, e que tem em nosso país uma tradição baseada em lei, é a inclusão escolar. No caso do TDAH, a lei ainda é muito genérica e inespecífica. Muitas vezes pais e cuidadores sentem que realmente não foi dada prioridade para essa criança que demanda maior atenção. Por outro lado, com todo o conhecimento disponível em nossos dias, é inaceitável que as escolas ignorem as medidas necessárias para incluir crianças com TDAH.

> **Tendo o laudo em mãos e seguindo as orientações nele contidas, a família deve levar o filho à escola.**

Sempre fui defensor da ideia de que a melhor forma de um professor incluir uma criança é conhecer suas dificuldades, estudar profundamente seu diagnóstico e ajudá-la a aprender nessas condições, oferecendo compensações motivadoras.

No TDAH, a motivação é fundamental para a criança voltar a sentir deleite pela escola, recuperar sua autoestima e retomar a autonomia. Para isso, alguns passos por parte do estabelecimento de ensino são muito importantes:

- Conversar com a família e expor que a escola está ciente das dificuldades do estudante e se comprometer a colaborar;
- Verificar o grau de dificuldade de compreensão de leitura, performance de escrita e habilidades básicas para a matemática;
- Acionar um modelo de apoio que normalmente orienta crianças com TDAH.

E qual é esse modelo de apoio? Não existe um método específico, mas, sim, diretrizes baseadas em como o TDAH atrapalha a funcionalidade do cérebro e como podemos desenvolver compensações. É muito provável que tais intervenções venham a tornar mais constantes em sala de aula em busca de comportamentos considerados apropriados. Nesse contexto, as seguintes ações merecem maior atenção[75]:

- **Avaliar e sugerir ajustes.** Os profissionais da escola (professores, coordenadores e gestores) devem conduzir avaliações dos problemas específicos apresentados no relatório médico e delinear estratégias de ação para determinados tipos de comportamento, contendo formas alternativas de instrução e programas com componentes motivacionais;
- **Ao acompanhar de perto o desenvolvimento,** ter em mente que crianças com diagnóstico de TDAH necessitam de feedbacks frequentes e em grande quantidade. Ou seja, precisam ser sempre lembradas de suas obrigações, com reforços recorrentes, e terem a atenção chamada no momento em que os problemas ocorrem para que as informações sejam realmente internalizadas;

[75] BENCZIK, E. *et al. op. cit.*

- **Usar formas positivas de reforço** associadas a punições leves. A comunicação deve ser clara, curta, objetiva, com voz firme e de maneira educada. Em casos de reprimenda, que sejam feitas em particular e olho no olho, com expressão séria;
- **Ao transmitir as etapas de uma atividade,** deve-se fazê-la em pequenas partes. Ao terminar, é recomendável pedir à criança que diga como entendeu as instruções. Se forem atividades repetitivas, reapresente-as, utilizando caminhos mais dinâmicos, evitando formas tediosas;
- **Valorizar mais o produto final e o resultado do desempenho,** deixando em segundo plano os comportamentos que a criança teve durante a tarefa, pois isso dará ao professor uma postura de ressaltar que se importa com os resultados alcançados;
- **Conhecer as preferências** da criança é um recurso poderoso. O professor pode intercalar atividades que são consideradas chatas com aquelas que são mais prazerosas, promovendo maior engajamento também nas menos preferidas;
- **Usar meios positivos de incentivo em sala de aula,** onde o professor pode, antes das atividades, combinar com os alunos quais recompensas serão oferecidas depois de bem executadas as tarefas propostas;
- **Importante não valorizar reações disruptivas,** agressivas tanto verbal quanto fisicamente, e lidar de maneira "fria e calculista" diante das desestabilizações de humor.

As orientações anteriores devem ser a base de qualquer sala de aula e para qualquer criança, mas para aquelas que têm TDAH são medidas maravilhosas e com grande chance de sucesso. Seguindo essas diretrizes, tenho por hábito, em meus laudos, produzir orientações que sigam a mesma lógica. Vamos a elas:

- Na sala de aula, ao expor um conteúdo, o professor deve repetir os pontos principais e retomar alguns deles, com

- explicações mais simples. Sabemos que repetir informações para crianças com TDAH aumenta o potencial de absorção dos conteúdos e proporciona a elas mais oportunidade para memorizar a informação;
- As aulas devem ser mais dinâmicas, com a utilização de recursos visuais e auditivos mais interessantes e motivadores. A oferta de atividades deve ser objetiva e simples, com o mínimo de dados por unidade de tempo;
- Dar mais tempo de prova e permitir que esse aluno confira cada questão depois de resolvida, para verificar se deixou detalhes ou informações para trás, devido à desatenção típica do transtorno;
- Provas para essas crianças devem ser mais curtas, com enunciados enxutos e objetivos, evitando delongas, pegadinhas, desvios de assunto e o uso de muita subjetividade;
- Vale muito mais que a prova seja lida antes para a turma, pois pode ser que, por essa leitura, a criança com TDAH entenda melhor o que se pretende;
- Estruturar aulas e apoios de reforço nas lacunas de conteúdo, sem depender de laudo médico para ação. Nos casos de maior atraso pedagógico, providenciar professor de apoio;
- Na sala de aula, crianças com TDAH devem se sentar na frente e próxima aos professores. Aconselho que sejam mais incentivadas, com mudanças de tom de voz, e também sejam estimulas com convites a participações em alguns momentos;
- Em alguns casos, a criança pode fazer as provas isolada da turma e fora da sala para reduzir fatores de distração e ansiedade. Nessa situação, deve-se dar mais tempo de prova também para que se sinta menos pressionada;
- Deve-se evitar as cópias excessivas, longas e cansativas, e reduzir as tarefas, para que a criança dê conta das atividades com atenção. Sabemos que cópia é ineficaz e tampouco

- permite boa memorização para qualquer criança, quiçá para quem tem TDAH;
- Deve-se diversificar os meios de avaliação para essas crianças, como o uso de pesquisas de campo, trabalhos individuais ou em grupo, seminários e com o uso de recursos de mídia;
- Existem métodos e materiais que ajudam a nos organizar, como post-its, o uso de cores para diferenciar cadernos de diferentes disciplinas, tickets para lembrar, além de agendas analógicas ou eletrônicas;
- Apresentar perguntas de múltipla escolha no começo da aula, para serem respondidas ao final, e oferecer nota para quem acertar aumenta o grau de atenção de todos da turma, especialmente das crianças com TDAH;

E uma fundamental:

- **Os pais devem ajudar filhos com TDAH a se organizarem e a cumprirem os horários corretos para estudar. Devem ter espaço próprio para os estudos sempre no mesmo lugar. A tarefa dos pais e cuidadores também é se tornar o exemplo nas rotinas da casa.**

Em relação aos pais, é muito importante sublinhar que uma casa desorganizada, sem ênfase aos estudos e ao cumprimento dos compromissos escolares torna-se uma armadilha para a criança com TDAH. Ela não tem noção de tempo, de prazo nem de prioridades, e deve viver em uma casa que as tenha bem estabelecidas em um clima de organização para ganhar referência, a fim de aprender sistematicamente a assumir um certo padrão de prioridade e planejamento.

Esse aprendizado é de responsabilidade da família. Mas, como fazer? Primeiro, os pais precisam assumir que o(a) filho(a) tem uma dificuldade atencional e um transtorno.

> Não é raro, no retorno das consultas, eu ouvir assim: "doutor, ele continua preguiçoso e mesmo dando as tarefas, continua deixando sem fazer".

Ou seja, é como se nada tivesse sido conversado ou diagnosticado nas consultas anteriores. Parece que a família ainda não reconheceu que precisaria assumir uma postura diferente. Isso não significa que os pais vão fazer tudo pela criança ou poupá-la de suas obrigações regulares, ao contrário, a família deve, sim, ajudar a otimizar e facilitar os procedimentos para que a criança consiga demonstrar aptidão e construa independência na realização de atividades.

## PARA OS PAIS

O CAADRA[76] é uma organização que envolve tanto profissionais quanto pais e cuidadores de crianças e adolescentes com TDAH, e que criou algumas recomendações aos pais:[77]

a. Como a criança com TDAH é muito distraída e desatenta, ela esquece muito facilmente longas instruções. Portanto, as orientações devem ser mais curtas, em etapas, e ditas de modo claro, objetivo e gentil. Pode-se, muitas vezes, pedir ao filho para repetir o que foi solicitado;

b. Evite gritar, discutir, "chegar chegando" ao se referir ao seu filho na demanda de uma ordem ou instrução. E, ao pedir, seja ponderado e demande metas alcançáveis. Use frases como:

---

[76] CADDRA – Canadian ADHD Resource Alliance. Disponível em: https://www.caddra.ca/. Acesso em: 15 ago. 2021.

[77] Tradução livre, feita pelo autor.

"Quando você cumprir isto, você pode aquilo" ou "Entendo sua reação, no entanto...";
c. Os pais precisam entender que são exemplos para os filhos e devem cultivar também comportamentos equilibrados, disciplinados e com bom temperamento no dia a dia, dando também mais tempo para a família, incentivando uma alimentação saudável, dormindo na hora correta e demonstrando hábitos que envolvam leitura e escrita também ("puxando a sardinha" para a escola);
d. Utilizar de suportes materiais (analógicos e digitais) para auxiliar nas tarefas comuns rotineiras da casa, ajudando a criança a lembrar do que fazer todos os dias com uso de checklists, cronômetros, pastas coloridas, além de deixar as coisas sempre no mesmo lugar;
e. Permitir ruído ou músicas de fundo durante a lição de casa ou na hora de dormir ajuda a manter o cérebro "ligado" no ponto morto e não oscilar para o desligamento;
f. Sempre elogiar as conquistas, evidenciar quando a criança fizer o certo e cumprir as expectativas;
g. Incentivar formas novas e melhores de fazer as mesmas coisas ("Você bateu em seu irmão e não acho correto. Da próxima vez, me chame que vou resolver" ou "Converse com ele ao invés de brigar");
h. Explique melhor cada ordem, recomendação e o motivo pelo qual está pedindo aquilo.

Essas estratégias, além de ajudar nas funções executivas da criança, reforçarão também as emocionais, pois ela vai reconhecer que você a entende, luta para compreender suas dificuldades e percebe nesses atos um carinho ou acolhimento que vai motivá-la a reproduzir sempre melhor e de modo positivo seu comportamento, além de ter melhor temperamento para tolerar atividades que antes a irritavam. Agindo assim, os pais ajudam a desenvolver melhor a autorregulação emocional dos filhos, preparando-os para futuros desafios.

## MEDICAÇÃO EM DIA

É importante a escola verificar se a criança está medicada e se vem sendo acompanhada regularmente por um médico especialista.

A medicação tem papel fundamental para melhorar a atenção seletiva, a sustentada e também para a memorização, além de reduzir a hiperatividade e melhorar o engajamento da criança com TDAH nas atividades mais extensas, que considera chatas.

Se ela não tomar a medicação, as ações da escola podem não surtir grandes efeitos, além de que seu comportamento hiperativo poderá continuar desestabilizando a relação dela com o ambiente escolar.

Apesar do acesso e da administração da medicação serem responsabilidades dos pais ou cuidadores, há muitas situações em que estes não podem ministrar os remédios nos horários estipulados. Ou porque trabalham e não têm como se deslocar no meio do dia, ou quando as crianças estudam em regimes de aulas em tempo integral, em situações de litígio conjugal ou de institucionalização da criança. Profissionais da escola, então, podem ficar responsáveis pela medicação tendo em mãos a receita médica.

A escola pode contribuir muito no tratamento do TDAH, fazendo inclusive relatórios periódicos com informações de como a criança está evoluindo em sala de aula, se sua concentração está mesmo satisfatória. O relatório deve ser levado ao médico e pode seguir um roteiro parecido com as indicações a seguir, preenchidas com as impressões do professor:[78]

- **Grau de dificuldade, lentidão ou demora em iniciar atividades de sala de aula;**

---

[78] Relatório baseado no questionário SKAMP. WIGAL, S. Reliability and Validity of the SKAMP Rating Scale in a Laboratory School Setting. **Psychopharmacol Bull**, v. 34, n. 1, p. 47-53, 1998.

- **Grau de dificuldade em permanecer na tarefa pelo período esperado, nas rotinas de sala;**
- **Quais problemas apresenta na interação com colegas;**
- **Quais problemas apresenta na interação com os funcionários/professores/direção;**
- **Grau de dificuldade em permanecer quieto, de acordo com as regras da sala;**
- **Detalhar os problemas em completar ou trabalhar adequadamente as atividades de sala;**
- **Detalhar problemas em escrever corretamente;**
- **Grau de dificuldade em se engajar em uma atividade ou discussão de sala;**
- **Grau de dificuldade em parar uma atividade ou sequência de tarefas e fazer a transição para a próxima atividade.**

Somados aos relatos dos pais, essas informações são muito importantes para o tratamento. São esses os dados mais significativos para a tomada de decisões pelo médico em, por exemplo, uma ação interdisciplinar preventiva que evita que a criança sofra com eventuais quedas de rendimento ou oscilações desnecessárias.

Essas medidas empreendidas na escola, em parceria com os pais, o médico e a equipe clínica permitem que o tratamento do TDAH na infância e na adolescência atinja seus principais objetivos e venha a prevenir desfechos graves indesejáveis, como repetências, evasões, busca por más companhias e abandono da vida acadêmica, com todas as consequências negativas que já conhecemos. Há quem apenas descubra o TDAH quando adulto, acumulando na vivência algumas (ou todas) dessas consequências. Ainda assim, há muito o que se fazer.

**OS PAIS AJUDAM A DESENVOLVER MELHOR A AUTORREGULAÇÃO EMOCIONAL DOS FILHOS, PREPARANDO-OS PARA FUTUROS DESAFIOS.**

## CAPÍTULO 9

# TDAH em adultos

Nos últimos trinta anos, os estudos sobre TDAH foram se avolumando de maneira exponencial, revelando aspectos clínicos e evolutivos cada vez mais detalhados e bem definidos, melhorando a compreensão acerca de suas consequências para o desenvolvimento do indivíduo. Eles trouxeram, com mais solidez, certezas sobre a sua persistência ao longo da vida. Ficou claro que, apesar de mais descrita e presente em crianças, pode também acometer adultos. Mas as manifestações são diferentes: apesar de ser o mesmo transtorno, a idade parece influenciar, pois nos adultos se modificam os tipos de comorbidades e os riscos associados a outras realidades e situações da vida.

Grandes estudos longitudinais – ou seja, pesquisas que acompanham, por anos a fio, por meio de avaliações periódicas, pacientes com determinada condição médica – têm sido utilizados para explicar melhor a evolução de processos disfuncionais ou patológicos e seus desfechos a longo prazo, da infância até a fase adulta.

Muitos desses estudos comparam populações diagnosticadas a populações sem o diagnóstico e oferecem dados para as devidas conclusões. No caso do TDAH, o estudo longitudinal mais emblemático é o Milwaukee (conduzido pela equipe do americano Russell Barkley, com início em 1977, que teve duração média de vinte e sete anos e foi apoiado pelo Ministério da Saúde dos EUA). Ao estudar crianças com TDAH do tipo combinado até a fase adulta, esse trabalho demonstrou as peculiaridades do transtorno ao longo da vida. As informações que surgiram advindas do estudo também foram essenciais para que se pudesse entender melhor o aparecimento do TDAH. Dois pontos importantes foram estabelecidos com o projeto:

- **Apesar de ser muito mais comum que o TDAH surja na infância, há casos em que o TDAH aparece apenas na fase adulta.**
- **Adultos com TDAH apresentam mais problemas psicológicos e comorbidades psiquiátricas que a população adulta sem TDAH.**

## HISTÓRICO DAS PESQUISAS

Os primeiros estudos sobre TDAH em adultos foram iniciados nos anos 1970, mas foi somente em 1995 que o pesquisador americano Paul Wender ofereceu, a partir de suas pesquisas, critérios explícitos para o diagnóstico. São eles: Desatenção; hiperatividade; mudanças de humor; irritabilidade e temperamento explosivo; tolerância deficiente ao estresse; desorganização; e impulsividade.

Com o tempo e o surgimento de novos ensaios clínicos trazendo imprecisões, dúvidas e causando confusão com outros transtornos psiquiátricos, caiu em desuso diagnosticar por esses sinais.

Novos estudos passaram a demonstrar que os critérios do DSM-5 inicialmente aplicados às crianças poderiam ser utilizados como ferramenta para o mesmo fim nos adultos[79] – guardadas as devidas proporções, claro. Atualmente, o DSM-5 também é a referência para o diagnóstico em adultos.

## CUIDADOS NO DIAGNÓSTICO

Mesmo com o apoio desses parâmetros na investigação do TDAH em adultos, algumas outras informações devem ser consideradas.

Geralmente, os portadores do transtorno em fase adulta vão sozinhos em busca de avaliação médica, mas não raramente vemos o acompanhamento de pais ou cônjuges. Esses acompanhantes podem oferecer muitas informações de como o paciente se comporta e os problemas mais visíveis, contribuindo muitas vezes de maneira decisiva para a avaliação médica.

Mesmo porque, na maioria das vezes, o problema pode estar centrado nas insatisfações do paciente com sua performance atual em atividades corriqueiras e não ser um caso real de tratamento. Ou seja, a pessoa pode estar querendo se aproveitar da prescrição de medicamentos estimulantes para obter ganhos cognitivos circunstanciais.

Há muitas situações na vida – clínicas ou não – que podem aumentar suas distrações, deixar você mais desatento e esquecido. A proximidade da menopausa, problemas de tireoide, auditivos, infecções de garganta, uso constante e excessivo de bebida alcoólica e drogas ilícitas, estresse diário, e diminuição das horas de sono, períodos pós-operatórios e tratamentos oncológicos são alguns dos muitos exemplos.

Deve-se enfatizar a investigação do histórico de intercorrências negativas na vida conjugal, na performance acadêmica superior ou mesmo na escola, o perfil junto à Justiça e a situação da habilitação para direção veicular, além de avaliar profundamente a saúde mental. O TDAH confere impacto negativo e problemas recorrentes em todos esses aspectos da vida, por isso a investigação.

---

[79] THE ADHD Report. *op. cit.*

Verificar as maneiras com que o TDAH leva a comprometimentos ajuda a formatar melhor a definição do diagnóstico a partir de sintomas de déficit de atenção, hiperatividade e impulsividade.

Existe também uma grande associação entre os sintomas de TDAH e a presença de vários graus e tipos de comprometimento vivenciados por esses adultos. Isso significa que apresentar alguns sintomas de TDAH geralmente já leva a comprometimentos significativos e até severos em vários eixos de funcionalidade da vida.

Os domínios da vida mais comumente atingidos no adulto com TDAH, nesta ordem, são:

- **Atividades educacionais;**
- **Responsabilidades com a família;**
- **Performance no trabalho.**

Nesses âmbitos, observam-se dificuldades em se ajustar, cumprir combinados, averiguar datas significativas, organizar e planejar com antecipação passos seguintes para novas experiências e conseguir dar conta de demandas rotineiras.

A presença de comorbidades, a exemplo do que ocorre na infância e na adolescência, também é muito comum nos adultos com TDAH. As mais frequentes são:

- **Distimia;**
- **Depressão;**
- **Ansiedade generalizada;**
- **Autismo**
- **Transtorno bipolar;**
- **TOC;**
- **Transtorno opositivo-desafiador (TOD);**
- **Transtorno de conduta;**
- **Abuso de álcool e drogas ilícitas.**

A presença desses elementos pode confundir e mascarar o diagnóstico. Tanto que quadros depressivos, transtornos de ansiedade e fases maníacas de um transtorno bipolar podem também cursar com sintomas de desatenção e queda de performance cognitiva – sintomas tão comuns no TDAH.

Nesses casos, investigar o histórico clínico na infância e na adolescência pode ajudar a esmiuçar melhor o quadro clínico pregresso, a evolução e, portanto, esclarecer pontos confusos.

É fundamental dizer que os transtornos citados acima são mais incomuns no TDAH infantil, e que reforçar que a presença do transtorno na infância aumenta fortemente a chance de se prolongar e estar presente na fase adulta, por isso a necessidade de buscar ajuda já nos primeiros sinais.

| SINAIS E SINTOMAS COMPORTAMENTAIS MAIS COMUNS QUE OBSERVO EM ADULTOS COM TDAH ||
|---|---|
| Acha difícil tolerar e esperar. É impaciente | Toma decisões de maneira impulsiva |
| Tem dificuldade em parar atividades ou comportamentos quando necessário | Tem dificuldade em modificar comportamentos mesmo após receber feedback negativo |
| É facilmente distraído por pensamentos irrelevantes quando tem que focar em algo | Tem tendência a sonhar acordado quando deveria se concentrar em algo |
| Adia tarefas até o último minuto | Tende a tomar atalhos no trabalho e não fazer tudo o que deveria |
| Parece não conseguir esperar por uma gratificação e continua a adiar tarefas que são recompensadoras apenas a longo prazo | Muda planos na última hora por capricho ou por um impulso |
| Começa projetos ou tarefas sem ler ou ouvir as instruções com cuidado | Perde tempo ou o administra mal |
| Não consegue cumprir prazos para entrega de trabalhos | Tem dificuldade em planejar com antecedência ou se preparar para eventos futuros |
| Esquece de fazer coisas de sua responsabilidade | Tem dificuldade em organizar suas ideias ou pensar claramente |
| Parece não conseguir manter em mente coisas que necessita fazer | Esquece o ponto que estava tentando argumentar em um diálogo |

## SINAIS E SINTOMAS COMPORTAMENTAIS MAIS COMUNS QUE OBSERVO EM ADULTOS COM TDAH

| | |
|---|---|
| Acha difícil acompanhar várias atividades ao mesmo tempo | Parece não conseguir fazer as coisas, a menos que o prazo final seja imediato |
| Tem dificuldade de estimar quanto tempo vai levar para cumprir uma tarefa | Fica frustrado com facilidade |
| Reage emocionalmente de modo exagerado | Tem dificuldade de se motivar para continuar trabalhando ou terminar o trabalho; |
| Parece não conseguir persistir em coisas que não interessam tanto | Tem dificuldade de se manter alerta ou desperto em situações tediosas |
| Entusiasma-se facilmente com atividades que estão ocorrendo por perto | Não se motiva quando precisa se preparar com antecedência para as ações de rotina |
| Parece não conseguir manter a concentração em leituras, trabalhos, reuniões, palestras | Entedia-se facilmente |
| Faz melhor quando há recompensa imediata | Tem dificuldade em completar uma tarefa antes de seguir para outra |
| Tem dificuldade em resistir a atividades divertidas e mais interessantes, mesmo sabendo que deveria estar trabalhando | Apresenta inconsistência na qualidade do trabalho |
| Tem dificuldade em fazer o que pretende | Tem dificuldade em cumprir promessas ou compromissos assumidos |
| Não tem autodisciplina | Tem dificuldade em organizar seus pensamentos |
| Tem dificuldade em dizer o que quer | Tem dificuldade em explicar coisas na ordem correta |
| Parece não conseguir elaborar bem suas explicações, nem rapidamente (prolixo) | Não consegue priorizar satisfatoriamente |
| Tende a dirigir sempre de maneira rápida e com velocidade excessiva | Dificuldade recorrente em administrar dinheiro e cartões de crédito |
| Menos capaz de se lembrar de eventos vividos na infância | |

    O diagnóstico no adulto, portanto, se alicerça nos critérios do DSM-5, na avaliação de nuances clínicas anteriores e das características descritas nos itens de 1 a 45, sempre avaliando em conjunto os aspectos dos prejuízos observados.

    Mesmo assim, algumas informações não devem ser desprezadas. É comum esses pacientes parecerem mais imaturos e infantis no meio social, pois são inconstantes, impulsivos, facilmente enganados e levados pelos outros. Estão, assim, mais expostos à excessiva curiosidade por novidades e são facilmente seduzidos por expectativas de recompensa imediata e de prazer.

Esses traços característicos justificam por que adultos com TDAH têm maior risco em se envolver com drogas lícitas – tabagismo e álcool – e ilícitas – maconha, cocaína e sintéticas.

Os estudos longitudinais comprovaram tal tendência e é comum, durante a consulta, eles revelarem que em um ou mais momentos da vida adolescente usaram algumas dessas substâncias.

Como erram mais, frustram-se, assim como frustram as pessoas em sua volta, especialmente aquelas que vivem bem próximas. Acabam vivendo em um clima de alta instabilidade emocional misturado ao fraco desenvolvimento de autoconceito e de autoestima. Resultado: maior exposição a más companhias e fuga por meio da utilização de drogas.

**Outra grande preocupação é a taxa de suicídio em adultos com TDAH. Ela pode ser até três vezes mais comum do que na população em geral.[80]**

Ainda do ponto de vista médico, há risco duas vezes maior também em desenvolver hipertensão arterial e diabetes tipo 2,[81] pois o estilo de vida e de alimentação tendem a ser mais desregrados.

## O QUE FAZER?

O tratamento, como na infância e na adolescência, também é multidisciplinar, com medicações psicoestimulantes, suporte às comorbidades, terapia cognitivo-comportamental. Especialmente para os adultos portadores do transtorno, destaca-se a utilização de psicoeducação e

---

[80] BARKLEY, R.; MURPHY, K.; FISCHER, M. **TDAH em adultos:** o que a ciência diz. São Paulo: Roca, 2013.
[81] CHEN, Q. *et al. op. cit.*

autoajuda para que a pessoa aprenda a lidar com suas dificuldades associadas ao TDAH no dia a dia.

As medicações psicoestimulantes (metilfenidato e lysdexanfetamina) são as mais indicadas e eficazes. Entretanto, como existe uma maior presença de comorbidades relacionadas a problemas de humor, pode-se associar o uso de antidepressivos. A medicação atomoxetina, um não estimulante que vem mostrando efeitos positivos no TDAH, parece ser uma boa alternativa, com resultados bem animadores.

Na prática clínica, tem-se observado que a conduta medicamentosa com adultos deve ser estudada de maneira personalizada, pois as condições físicas são diferentes e há maior possibilidade de contraindicações, como problemas cardíacos e hipertensão arterial. Há também mais queixas de efeitos colaterais em comparação às crianças e jovens.

Mesmo assim, de longe, o uso de medicação traz muito mais vantagens do que desvantagens para o paciente. A medicação pode ser um recurso valioso para quem tem que conduzir a vida com responsabilidades. Ela ajuda o paciente a ter mais autonomia nas atividades longas, a cometer menos erros, a refletir melhor e melhora a noção de tempo e a organização da mente de modo geral.

Nessa fase, o tratamento das comorbidades é essencial, pois podem ser ameaças muito maiores do que o TDAH. A abordagem geralmente recomendada envolve tratamento psiquiátrico, que deve variar de acordo com o tipo de comorbidade. É comum recomendar o apoio maior da família, de parceiros, de amigos, busca por estímulos sociais e novas oportunidades, a fim de prevenir delinquência e problemas maiores de conduta. Também são indicadas terapias específicas para quadros depressivos maiores. E há pacientes que chegam a precisar de clínicas especializadas em dependência de substâncias.

> **A psicoterapia comportamental (PC) é um dos tipos de tratamento não medicamentoso, implementado dentro de consultório, mais eficientes para tratar TDAH em adultos.**

A PSICOTERAPIA COMPORTAMENTAL AJUDA QUEM TEM TDAH A REDIRECIONAR SUA ATENÇÃO, A MUDAR COMPORTAMENTOS, A ALTERAR O MODO COMO SE SENTE, E AINDA AUXILIA NO DESENVOLVIMENTO DE HABILIDADES SOCIAIS.

Ela é apontada como a modalidade psicoterápica com maior evidência científica de eficácia para minimizar os sintomas mais importantes do transtorno na fase adulta, auxiliando no manejo dos sintomas comportamentais associados, como a oposição, e para problemas funcionais, como a procrastinação e a lida com o tempo[82].

A psicoterapia comportamental ajuda quem tem TDAH a redirecionar sua atenção, a mudar comportamentos, a alterar o modo como se sente, e ainda auxilia no desenvolvimento de habilidades sociais. Os pacientes aprendem estratégias de resolução de problemas, automonitoria, manejo de tempo, técnicas de organização e controle da raiva e agressividade.

Muitos pacientes perdidos, desesperados e inseguros podem ter na PC o ponto de partida para conseguir entender melhor suas dificuldades e implementar melhor no seu dia a dia novas abordagens de organização. Os pacientes que fazem uso da PC também passam a avaliar com maior segurança os avanços em seu cognitivo e no seu comportamento. Mesmo assim, recomenda-se associar a terapia ao uso de medicação psicoestimulante para que possa persistir o suficiente no processo, que tende a durar alguns anos – realmente esse tempo varia bastante de pessoa a pessoa.

Mesmo com as evidências, muitos adultos com TDAH optam por tentar, sozinhos, resolver suas dificuldades. Então, recomenda-se que estruturem para si estratégias psicoeducativas com o intuito de suavizar, remodelar e otimizar suas ações no cotidiano, especialmente naquelas áreas mais sensíveis da vida.

Assim, para começar, é muito importante perguntar: quais são geralmente as áreas de maior dificuldade experimentadas por esses adultos? São elas:

a. **Autocontrole em relação ao tempo, planejamento e aos objetivos;**
b. **Dificuldade com auto-organização, resolução de problemas e memória operacional;**

---

[82] BENCZIK, E. *et al. op. cit.*

c. **Pouca autodisciplina;**
d. **Baixa automotivação;**
e. **Pobre prontidão para atividades de rotina.**

Essas áreas permeiam quase todas as coisas que as pessoas têm que fazer todos os dias, seja em casa, no trabalho, nos relacionamentos ou no cuidado diário daqueles que dependem desse adulto. Mas, com certeza, a principal dificuldade é em relação ao autocontrole.

O autocontrole é a capacidade do nosso cérebro em pensar e refletir por tempo suficiente para agir, considerando resultados a longo prazo, e não para, ao contrário, agir por impulso.

**O TDAH destrói o autocontrole. Considero que esse, sem dúvida, é um dos maiores prejuízos do TDAH em adultos, porque na prática os priva do livre arbítrio.**

Essa atitude acarreta más decisões, perda de oportunidades e falhas em analisar melhor as coisas antes de decidir. A pessoa acaba "indo na onda do momento" e se submete às opiniões das pessoas sem verificar detalhes e prioridades. Não reavalia decisões, não corrige erros a tempo, mal percebe as demais opções ou a existência de outras estratégias no meio de um processo.

O uso de recursos de autotreinamento para aumentar o autocontrole pode proporcionar à mente do adulto com TDAH as ferramentas necessárias para melhorar seu funcionamento no ambiente social.

É importante que a pessoa descubra em quais aspectos da vida a impulsividade, por exemplo, é mais prejudicial. Pode começar pedindo que o cônjuge ou amigos indiquem esses momentos, e escrevendo as respostas em uma lista, para depois refletir a respeito da questão. Em seguida, deve realizar ação simples, mas preocupando-se de evitar a ansiedade na urgência de agir.

# EXERCÍCIOS E APLICATIVOS

Aqui vão algumas dicas para quem tem TDAH, extraídas do livro *Vencendo o TDAH adulto*, de Barkley & Benton.[83] Pode ser um bom começo para treinar o cérebro e contribuir muito com o tratamento. Uma sugestão é pensar em alguém que fale devagar e desempenhar esse papel em uma conversa. Outra é usar imagens mentais desviantes que sejam bons exemplos do que você não deve fazer em determinados momentos. Volte ao passado e reavalie ações impulsivas malsucedidas. Reveja meios diferentes de fazê-las e imagine novos desfechos. Se estiver no meio de muitas pessoas, finja que está no celular e pense por mais tempo.

O mundo digital facilita bastante a memorização e a programação do tempo para quem tem TDAH. Há muitos aplicativos destinados à organização de eventos, encontros, concursos e lembrete de datas que não se deve esquecer de jeito nenhum. As agendas – eletrônicas ou não – não podem faltar, pois concretizam com mais clareza para a memória os eventos que aparecem todos os dias no universo mental abstrato (e que vão desaparecer da mente se a pessoa com TDAH não anotar).

Temos hoje em dia, na internet, recursos tecnológicos especializados que ajudam de crianças a adultos com TDAH a administrar vários aspectos da vida. Os pais agradecem e sabem o quanto são essenciais esses meios de apoio para o dia a dia. O mais interessante é que eles podem facilitar e, ao mesmo tempo, motivar a criança a buscar ajuda por caminhos atraentes, pelos quais têm predileção natural. Aqui, indico alguns desses aplicativos:

- **FOCUS TDAH:** aplicativo que ajuda os pais e a criança a se organizarem em suas atividades diárias;
- **CRIANÇA EM FOCO:** esse aplicativo é direcionado para dificuldades de aprendizagem associadas ao TDAH e visa

---

[83] BARKLEY, R.; BENTON, C. **Vencendo o TDAH adulto**. Porto Alegre: Penso, 2011.

- melhorar a comunicação da escola com os pais, através do contato direto da professora ou da diretora com a família;
- **VIVO MEDITAÇÃO:** ajuda a criança e o adolescente a aprender a meditar e refletir melhor. Contribui para prevenir sintomas de ansiedade e hiperatividade;
- **GOOGLE FAMILY LINK:** aplicativo que ajuda os pais a monitorarem atividades dos filhos na web, além de poder definir horários e limites;
- **ADHD ANGEL (em inglês):** Aplicativo para o manejo do TDAH em todos os âmbitos: social, escolar, sentimental, em casa etc. Muito útil para ajudar na organização;
- **EVERNOTE:** Aplicativo para fazer anotações e lembretes sobre qualquer coisa. Além de você não esquecer nada, ainda é possível sincronizar seus documentos em diversas plataformas;
- **INSTAPAPER (em inglês):** Ferramenta para guardar páginas visitadas importantes da web para visualizá-las depois;
- **TRELLO:** é um aplicativo on-line que vem se popularizando principalmente por viabilizar trabalho em equipe de maneira fácil e interativa. Mas o interessante é que ele pode ser usado individualmente e seu formato permite criar vários quadros. Por exemplo: um para compartilhar com a equipe do trabalho, outro com a equipe do colégio e outro para usar individualmente;
- **MONEY WIZ (em inglês):** aplicativo para organizar e controlar finanças pessoais;
- **GOOGLE KEEP:** para quem tem conta Google e gosta de manter tudo interligado, ele é uma opção para notas rápidas, listas, lembretes, criar documentos, tabelas e planilhas.

Como podem ver pelas indicações deste capítulo, existem muitas informações produzidas e atualizadas sobre como descobrir o TDAH e as estratégias que a ciência e a medicina disponibilizam para auxiliar em todas as etapas da vida.

# CAPÍTULO 10

# Direitos da criança e do jovem com TDAH

Uma das maiores preocupações dos pais de um menor com TDAH é garantir que seus direitos sejam atendidos nos mais diversos contextos da sociedade. Infelizmente, há muito desconhecimento e preconceito, ainda mais por parte das escolas, das possibilidades de acesso a medicações e terapias importantes.

Pesquisas recentes realizadas no Brasil mostram que apenas 20% das crianças e adolescentes com TDAH recebem o devido tratamento.[84] Não existem clínicas especializadas nem serviços com recursos multidisciplinares no Sistema Único de Saúde (SUS) direcionados ao TDAH.

Aqueles que vivem em piores condições sociais e econômicas são, portanto, privados de qualquer tipo de terapia minimamente válida. Mesmo famílias em melhores condições e que contam com planos

[84] MATTOS, P.; ROHDE, L.; POLANCZYK, G. *op cit.*

de saúde, deparam com profissionais despreparados e desatualizados, quando não são até mesmo impedidos pelas cláusulas dos seus contratos a terem acesso aos melhores especialistas.

No Brasil, existem leis que podem facilitar os caminhos: o Estatuto da Criança e do Adolescente (ECA)[85] e a Lei Brasileira de Inclusão (Estatuto da Pessoa com Deficiência)[86] são dois dos principais apoios para a garantia dos direitos dessas crianças.

O Decreto 5.296/2004,[87] que regulamenta a Política Nacional para Integração da Pessoa Portadora de Deficiência, definia deficiência como:

I. **pessoa portadora de deficiências a que possui limitação ou incapacidade para o desempenho de atividade e se enquadra nas seguintes categorias:**

   a. **deficiência física;**
   b. **deficiência auditiva;**
   c. **deficiência visual;**
   d. **deficiência mental;**
   e. **deficiência múltipla.**

Mais recente, a Lei 13.146, de 06 de junho de 2015, que institui a Lei Brasileira de Inclusão, a define como:

Considera-se pessoa com deficiência aquela que tem impedimento de longo prazo de natureza física, mental, intelectual ou sensorial, o qual,

---

[85] BRASIL. **Lei n. 8.069, de 13 de julho de 1990**. Dispõe sobre o Estatuto da Criança e do Adolescente e dá outras providências. Brasília: Presidência da República, 1990. Disponível em: http://www.planalto.gov.br/ccivil_03/leis/l8069.htm. Acesso em: 18 ago. 2021.

[86] BRASIL. **Lei n. 13.146, de 6 de julho de 2015**. Institui a Lei Brasileira de Inclusão da Pessoa com Deficiência (Estatuto da Pessoa com Deficiência). Brasília: Presidência da República, 2015. Disponível em: http://www.planalto.gov.br/ccivil_03/_ato2015-2018/2015/lei/l13146.htm. Acesso em: 18 ago. 2021.

[87] BRASIL. **Decreto n. 5.296, de 2 de dezembro de 2004**. Regulamenta as Leis nos 10.048, de 8 de novembro de 2000, que dá prioridade de atendimento às pessoas que especifica, e 10.098, de 19 de dezembro de 2000, que estabelece normas gerais e critérios básicos para a promoção da acessibilidade das pessoas portadoras de deficiência ou com mobilidade reduzida, e dá outras providências. Brasília: Presidência da República, 2004. Disponível em: http://www.planalto.gov.br/ccivil_03/_ato2004-2006/2004/decreto/d5296.htm. Acesso em: 18 ago. 2021.

em interação com uma ou mais barreiras, pode obstruir sua participação plena e efetiva na sociedade em igualdade de condições com as demais pessoas.

Qualquer condição, enfim, que leva à perda de funcionalidade na relação com os contextos que o envolvem pode ser considerada uma deficiência.

Muitas crianças podem vir a não aprender a ler nem escrever e serem privadas da vida universitária, além das consequências emocionais graves e das restrições sociais. Como toda deficiência, portanto, confere ao seu portador direitos que lhe convém para que possa proporcionar oportunidades nos mais variados aspectos da vida psicossocial e na aprendizagem escolar.

> Como as evidências clínicas, desenvolvimentais, escolares, neuropsicológicas e de neuroimagem comprovaram que o **TDAH** leva a uma perda neurofuncional com efeitos significativos nos campos social, escolar e psicológico, podemos afirmar seguramente que ele é uma deficiência.

No Canadá, o Centro Canadense de Consciência para o TDAH (CADDAC)[88] tem desempenhado papel importante na disseminação de conhecimento sobre o TDAH. O trabalho sensibiliza famílias, cuidadores, professores, profissionais de saúde e educação a endossar documentos sobre o transtorno e a pressionar as autoridades para que seus filhos, pacientes e alunos possam ter atendimento adequado às necessidades, incluindo-as nas políticas públicas educacionais das províncias canadenses.

---

[88] CADDRA – Canadian ADHD Resource Alliance. Disponível em: https://www.caddra.ca/. Acesso em: 15 ago. 2021.

A iniciativa é exemplo de disseminação de conhecimento, mas também da importância de se pressionar, de maneira organizada e política, pela inclusão de medidas específicas na legislação. Isso ajuda a reduzir a judicialização e a oferecer garantias aos afetados. Enfim, fazer com que a lei reconheça o TDAH como uma condição a ser encarada automaticamente nas escolas e nas instituições em geral, e que orçamentos públicos possam prever parte das verbas da educação para cursos de formação e aperfeiçoamento aos educadores e gestores da área.

No Brasil, temos poucas organizações com a mesma finalidade e diversidade de intenções, mas a ação da Associação Brasileira de Déficit de Atenção (ABDA) tem sido muito parecida com a da CADDAC. Ela tem sensibilizado também áreas do Direito e disseminado informações baseadas em evidências científicas, protocolos consensuais de tratamento e orientações psicoeducativas e escolares para todos os agentes envolvidos no assunto. Recentemente, ainda teve grande envolvimento nas discussões políticas sobre TDAH no Congresso Nacional, além de estimulado em seus eventos a formação de redes interdisciplinares e núcleos regionais.

> **Entretanto, ainda faltam em nossas leis garantias mais personalizadas e específicas para o portador de TDAH.**

Muitas legislações não nomeiam em seus artigos o termo TDAH e citam apenas "transtornos funcionais" ou falam em "dificuldades" de forma genérica. Quando a lei não nomeia o TDAH, deixa de descrever em detalhes as medidas que devem ser tomadas. O resultado é que essas brechas levam a recorrentes questionamentos. Antes de mais nada, para adquirir seus direitos, é essencial o laudo médico.

Mas desde 2010 existem no Brasil doze legislações municipais e estaduais mais específicas sobre o TDAH, com o uso do termo em seus artigos e com recomendações às escolas e sociedade civil de maneira geral.[89]

---

[89] BENCZIK, E. *et al. op. cit.*

Com as explicações detalhadas das manifestações possíveis do TDAH em cada faixa etária e indicações dos tratamentos adequados, este livro tem também a finalidade de servir como material de referência para advogados, juízes, políticos, gestores, cuidadores e profissionais, no sentido de contribuir na garantia aos direitos das pessoas com TDAH.

# CAPÍTULO 11

## Como alguém com TDAH chegou a ser médico e fazer doutorado?

Na infância, eu sentia que ninguém de minha família apostava em mim, tampouco imaginava que eu chegaria tão longe. Era emocionalmente frágil, chorão, emburrava muito. Nas fotos tenho um semblante triste, uma criança melancólica. Cresci muito tanto em peso quanto em altura e parecia uma criança macrossômica.[90] Entretanto, eu era muito imaturo, inseguro, hesitante e lembro que só consegui permanecer no meu primeiro ano de escola por causa da companhia de uma amiga, que era minha vizinha e me passava segurança.

Mesmo vivendo com pais que nunca se separaram, tive, até meus 5, 6 anos, enorme presença de minha avó paterna. Ela sempre foi minha maior referência, muitas de minhas poucas lembranças

[90] Macrossomia é quando um feto tem crescimento muito acima do esperado e o bebê nasce com mais de 4 quilos, considerado grande.

da infância têm sua presença física, vocal, afetiva e emocional. Lembro que ela parecia sempre agir comigo como que para me compensar por alguma coisa ou dava mais carinho do que estava acostumado a receber. Nunca me senti preferido por ninguém, exceto por ela. Meus primos e irmãos sempre comentavam que eu era o neto predileto dela e tenho certeza de que era verdade.

Bem, eu era desastrado, esquecido, "perdidão", um pouco teimoso, incorria sempre nos mesmos erros e com esse modo de operação de minha avó eu só poderia mesmo resultar em um menino chorão. Parece que esse "caldo" acabou resultando em muita culpa e autocomiseração de minha parte. Sempre que errava, os mesmos sentimentos brotavam e eu não conseguia direcionar meus pensamentos para outros assuntos.

Com a idade, vieram meus dois irmãos e as comparações, dentro e fora de casa, na família como um todo. Muitas dificuldades começaram na forma imatura demais de como eu imaginava a resolução de problemas, impulsividade ao falar e nas desatenções nas interações sociais.

## ESTUDO E MEDICINA

Apesar de tudo isto, sempre gostei de estudar e, nesse caso, o hiperfoco do TDAH me ajudou muito. Mesmo às voltas com fracassos em outros assuntos, você consegue se destacar. Meu hiperfoco era estudar. Ainda que com alguns percalços desanimadores nas primeiras séries do ensino fundamental, consegui ser aluno de destaque nos três últimos anos do ensino médio e fui aprovado no vestibular de Medicina aos 18 anos.

Entre sorte e reveses, minha personalidade me redirecionou a focar meus interesses no avanço acadêmico e em buscar uma vida simples. Meus anos de faculdade foram de dedicação e autopreservação, evitando sair e curtir com a galera, dormindo cedo, a não ser para estudar.

Mas, o que eu preferia era acordar de madrugada para estudar, pois conseguia me concentrar melhor. O silêncio total e a temperatura fria me mantinham focado e desperto.

> **Nessa época, ainda não sabia que tinha TDAH. Tampouco imaginava que esses recursos eram, na verdade, meios de melhorar meu rendimento.**

Meu caderno universitário era muito elogiado. Como tinha dificuldade em memorizar e perdia muitas informações em sala de aula, tinha o hábito de usar um caderno provisório para anotações rápidas durante a explanação dos professores e em casa passava a limpo o conteúdo no caderno "oficial". Esse caderno continha todas as informações possíveis, com ilustrações detalhadas e bem delineadas. Essa estratégia me ajudou a memorizar os conteúdos, mas também se tornou um bibelô para meus amigos da turma. Para estudarem para as avaliações, eles pediam para copiar e se preparavam com minhas anotações. Ironicamente, mesmo sendo dono do caderno, minhas notas eram inferiores às de meus amigos. Cheguei no primeiro ano a ficar de recuperação na disciplina de genética médica. Ora, era coisa do TDAH: mesmo estudando mais, o rendimento acabava inferior aos demais nas avaliações formais.

## FORMATURA E CASAMENTO

Como eu sempre tive, em meus valores, a busca pelo melhor na vida acadêmica, ignorei as intempéries e continuei olhando para frente. Valorizar um objetivo pode diminuir o impacto do TDAH, pois a motivação pessoal por algo aumenta a dopamina e ativa mais regiões do cérebro.

Essa ativação funcionou comigo: os cinco anos restantes foram estáveis e resultaram em conclusão do curso sem maiores solavancos. Formei-me, fui aprovado para a Residência Médica na Santa Casa de São Paulo e me casei.

> O casamento, para mim, era um sonho e um objetivo que desejava muito. Hoje, olhando para trás, foi a estabilidade e o companheirismo de que precisava para caminhar para uma nova fase de minha vida.

Minha esposa sempre elogiou e valorizou cada passo que eu dava e me incentivava a cada etapa ou desafio que aparecia. Minha insegurança e as hesitações causadas pela imaturidade e meu histórico de tropeços pareciam arrefecer quando, ao meu lado, alguém me impulsionava e dividia comigo os momentos difíceis.

Temos que considerar que a vida a dois traz habilidades e novas rotinas que ajudam a melhorar e desenvolver o caráter e a tomada de decisões, em uma visão compartilhada e voltada a estratégias mais socializantes. Entretanto, uma das situações mais complicadas na administração da vida de uma pessoa com TDAH é manter a organização e delinear diariamente as prioridades. Em um casamento, os erros recorrentes, esquecimentos, perda de oportunidades de agradar e não lembrar de momentos significativos, além da falta de planejamento para os planos em comum, podem corroer a relação e levar à exaustão nas expectativas.

## OS PERIGOS NO CASAMENTO

Os efeitos do TDAH no casamento podem ser devastadores. O índice de separação conjugal é bem superior nos casamentos onde um dos cônjuges tem TDAH.[91] O adulto sem TDAH tende a compensar as dificuldades do parceiro com o transtorno, servindo quase como um cuidador. Outras pesquisas têm demonstrado risco até cinco vezes maior desses pacientes viverem em relacionamentos conjugais

---

[91] Conforme Tabela 1, do Capítulo 9 deste livro.

AS ÁREAS DE MAIOR
DIFICULDADE QUE
O TDAH PROVOCA
NO RELACIONAMENTO
CONJUGAL SÃO
O ENVOLVIMENTO
AFETIVO,
A COMUNICAÇÃO
E A RESOLUÇÃO
DE PROBLEMAS.

de baixa qualidade, envolverem-se em aventuras extraconjugais e de ocorrerem desavenças mais constantes, maiores instabilidades.[92]

A incapacidade que o transtorno ocasiona está intimamente relacionada ao déficit de atenção e pode ser confundida com um comportamento tipicamente associado ao masculino: não ouvir, não perceber os sentimentos dos outros, não lembrar de acontecimentos ou datas importantes, esquecer os pequenos trabalhos dentro de casa, dos horários das festas ou eventos dos filhos, ter dificuldade em estabelecer intimidade suficiente na rotina, tomar decisões sem consultar o cônjuge, ter "cabeça quente" e dificuldade em manter a estabilidade no emprego, terminando por ficar com o rótulo de frio, distante e egoísta.

No gênero feminino, as queixas se concentram em viver "sonhando acordada", ter sintomas depressivos e se sentir presa a uma armadilha.

**Apesar dos sintomas estarem muito associados a eventos considerados comuns no convívio a dois, a presença do TDAH pode aumentar a intensidade e a frequência desses problemas e levar a uma falta crônica de comunicação.**

As áreas de maior dificuldade que o TDAH provoca no relacionamento conjugal são o envolvimento afetivo, a comunicação e a resolução de problemas. Esses eventos vão se avolumando com o tempo, levando a crises recorrentes. O cônjuge sem TDAH vai se irritando, desvalorizando o parceiro ou parceira. Com raiva, reitera de maneira impositiva suas novas expectativas, atitude que aciona no paciente crenças de desamor, desvalor e desamparo, o que faz com que se retraia.

Com todas essas considerações, as dificuldades que tive no casamento estão aí, acima, autodeclaradas. Felizmente tenho uma esposa

---

[92] BENCZIK, E. *et al. op. cit.*

muito compreensiva, espirituosa e religiosa. Mas em muitos momentos, como quaisquer outros casais, tivemos crises. O resultado, enfim, tem sido muito mais positivo do que o contrário e estamos caminhando juntos.

## A DESCOBERTA

Terminada a Residência Médica, casado, com filhos e a carreira em andamento, os desafios continuaram. "Meu" TDAH aprontando das suas: esquecimento, perda de oportunidades, broncas da esposa, falta de empenho em perceber detalhes essenciais para decisões importantes e procrastinações. Felizmente, com os meus estudos, atualizações e a busca incessante por conhecimento na minha área, neuropediatria, aos 29 anos, descobri o diagnóstico.

Pode-se inferir, até este momento, que tudo deu certo para mim e que eu consegui vencer o TDAH. Bem, em grande parte, isso é verdade. Posso dizer que a vitória, em todo esse processo, aconteceu ora por sorte ora por resiliência ora porque me relacionei com as pessoas certas nas circunstâncias de minha vida em que mais precisei delas e evitei me expor a grandes aventuras e prazeres. O meu perfil de personalidade também contribuiu muito, pois sempre fui pacato e pouco afeito a riscos e instabilidades na adolescência.

Por outro lado, sofri muito, internamente. Minha baixa autoestima, a sensação constante de incapacidade e os sentimentos de culpa a cada situação que dava errado – mesmo eu não tendo controle diretamente – eram muito frequentes em meus pensamentos. Ao mesmo tempo, via no consultório meus pacientes relatarem as mesmas experiências. Por escassez de profissionais para atender adultos com TDAH, muitos me procuram há anos para se compreenderem e se tratarem.

Paulo, de 27 anos, entrou em meu consultório e as primeiras palavras foram:

– Não consigo entender... todos os dias, os mesmos erros e esquecimentos. Pareço burro! Não aguento mais permanecer neste vai-não-vai.

Ele já tinha largado duas faculdades, levado duas empresas à falência e estava à beira da separação. Os problemas relacionados ao TDAH eram responsáveis por pelo menos 50% das dificuldades que vinha tendo há anos: falta de persistência, decisões esdrúxulas e impensadas, impaciência para lidar com novas experiências. Sua esposa estava cansada de assistir a tantos reveses e as cobranças estavam transbordando, contaminando seu relacionamento. Com vergonha, ele não conseguia entender por que não se superava depois de tantos problemas.

– Vivo em constante tensão, achando que o meu próximo erro vai acontecer daqui a pouco – Paulo desabafou.

Depois da consulta, diagnóstico firmado, iniciei seu tratamento com medicação e medidas psicoeducativas. No retorno, depois de dois meses, Paulo era outro!

– Doutor, agora, eu consigo lembrar do que preciso fazer para dar conta do meu dia a dia. Minha vida mudou! Voltarei para a faculdade e estou me candidatando a um cargo melhor que o meu na empresa. Estou mais paciente para fazer as coisas passo a passo e tenho conseguido acertar muito mais.

Outro relato muito importante vem de uma paciente de 8 anos. Ela ainda não estava alfabetizada, não conseguia ter nenhum rendimento nas atividades de matemática e seus pais estavam desesperados. A escola não sabia mais o que fazer e resolveu encaminhá-la para minha avaliação.

O relatório escolar, as queixas dos pais e as avaliações neuropsicológica e psicopedagógica demonstravam claramente que ela tinha déficit de atenção – ou TDAH do tipo desatento. Ela não conseguia se lembrar das letras e palavras e não associava sequer os sons das letras ainda. Iniciado o tratamento, depois de quatro meses, ela estava alfabetizada e conseguia fazer suas tarefas sozinha! A mãe chorava de alegria. A menina passou a demonstrar vontade de ir para a escola e pediu aos pais que comprassem livros e gibis. A memória dela deu um salto, mas não porque sua memória falhava, mas porque não se concentrava o suficiente nas atividades de aprendizagem e leitura.

**NINGUÉM É PERFEITO, NEM PASSA A FICAR PERFEITO COM O TRATAMENTO, MAS ELE AJUDA A ANULAR GRANDE PARTE DOS PREJUÍZOS QUE OUTRORA AFETAVAM A PERFORMANCE E IMPUNHAM SEGUIDAS DERROTAS.**

> Esses relatos ilustram as dificuldades que o **TDAH** produz e que podem emperrar a vida das pessoas nos momentos mais distintos, mas também como o tratamento, bem conduzido e interdisciplinar, pode mudar tudo e levar a uma virada!

A medicação e a busca por novas estratégias que me auxiliassem a vencer os obstáculos foram as grandes viradas na minha vida com o TDAH. Ninguém é perfeito, nem passa a ficar perfeito com o tratamento, mas ele ajuda a anular grande parte dos prejuízos que outrora afetavam a performance e impunham seguidas derrotas. A sensação de ter etapas vencidas e conseguir avançar na aprendizagem levam a uma motivação importante em um cérebro que precisa vencer mais para poder cumprir melhor atividades sem recompensa imediata. Essas vitórias a conta-gotas levam a pessoa com TDAH a se engajar cada vez mais em atividades discricionárias e consideradas chatas. Para quem tem TDAH, isso é extremamente importante. Foi uma das coisas que me fizeram avançar, mesmo antes de descobrir que eu tinha o transtorno e iniciar o tratamento correto.

Colocar objetivos a longo prazo, aprendendo a priorizar cada passo, cada decisão tomada, em um sentido mais amplo, em busca de uma recompensa maior – menos imediata –, foi o que me norteou a vencer meus obstáculos. Mas, sem o devido tratamento e o alicerce criado em minha volta pelo meu casamento, pelo compromisso com meus filhos e minha família, eu provavelmente não teria ido tão longe – estaria ainda derrapando e me sentindo perdido. Além disso, fui criado em uma família que valorizou minha aptidão natural pelos estudos e permitiu que, em detrimento do trabalho na rua, eu pudesse ter tempo suficiente para poder estudar e me dedicar à Medicina.

**Como alguém com TDAH chegou a ser médico e fazer doutorado?**

Foram também importantes meu gosto natural pela vida acadêmica e minha índole positiva em me esforçar para galgar novos objetivos dirigidos à minha carreira atual.

Tudo isso está ao alcance de quem tem TDAH, independentemente de cada história de vida, sempre tão única. É o que vou mostrar no próximo capítulo. Em duas décadas de atuação na medicina, vejo que as pessoas em torno de meus pacientes, por exemplo, têm papel fundamental nessa apropriação do potencial da vida. Quando pais, professores e cuidadores compreendem que eventuais limitações podem ser vencidas, é muito maior a chance da pessoa com TDAH alcançar esse controle do próprio destino e dar sequência às realizações que busca. Ou seja, existem tratamentos, temos toda a ciência ao nosso lado, mas é preciso atitude.

Vamos nessa!

# CAPÍTULO 12

## Quem tem TDAH pode ser uma pessoa satisfeita com a vida

O TDAH pode atrapalhar muito a vida das pessoas? Sim. Pode modificar trajetórias e levar para direções totalmente insatisfatórias? Sim. Pode aumentar os riscos de uma pessoa fracassar nos mais diversos eixos de interesse de sua vida? Sim. Mas, mesmo assim, a pessoa que tem TDAH pode ter uma vida bem-sucedida? Sim! Como? Comece transformando estas frases em um mantra:

> **Não faça do TDAH uma desculpa para não avançar. Somos maiores do que ele.**

A pessoa é sempre mais importante do que o transtorno e devemos entender que o TDAH não é a vida, mas que a vida pode enveredar por graves problemas se o TDAH não for controlado.

Todos queremos ser felizes, conviver com quem amamos, ter uma vida financeira confortável e uma formação que proporcione uma carreira bem-sucedida. Nosso foco deve nortear e ser norteado por esses eixos da vida. A motivação para ter essas conquistas em nosso alcance e aprender a vibrar com cada passo que damos em direção a eles pode ajudar a aumentar esse foco, a concentração para tomar decisões positivas.

Tendo TDAH ou não, todos temos a possibilidade de chegar aonde queremos, e os obstáculos aparecem em diferentes medidas a cada um de nós. Muitas pessoas chegaram ao fim da vida, na velhice, sem saber que tinham o transtorno e lá estavam satisfeitas, felizes. Muitas trajetórias se desenvolveram bem, mesmo sem qualquer tratamento.

Saber conviver bem com os erros pode trazer mais aprendizagem do que lamúrias. Isso deve ser repetido sempre, principalmente para quem tem TDAH. Veja bem: errar faz parte da vida e muitos problemas surgem de erros que cometemos. Mas muitos desses erros são pequenos e insignificantes, e somente ficarão grandes se dermos valor demais e eles.

Ao errar, temos de refletir, pensar, avaliar como se chegou àquele deslize e de que forma deve-se proceder para não errar de novo. Não vivemos sozinhos e devemos, sempre que possível, pedir conselhos de pessoas próximas, que gostam ou convivem em harmonia conosco. A opinião dessas pessoas pode contribuir positivamente no planejamento de etapas futuras ao aconselhar melhor as próximas escolhas, recomendar ferramentas e meios de ação que nos ajudem a organizar tudo melhor, prevenir novos escorregões. Aqui, é como se falasse ao mesmo tempo para quem cuida e para quem tem TDAH, percebe? Esses sentimentos e confusões batem em todos os lados dessa dinâmica, situação ao mesmo tempo tão peculiar e tão coletiva.

Que ninguém se culpe! Que não se perca tempo com tal sentimento. Façamos dos problemas um processo de correção de rumos e os encaremos com tranquilidade. A culpa faz com que a pessoa com TDAH fique reverberando a todo momento pensamentos negativos. Mas deve entender que a culpa só existe para criar um pedido de desculpas a alguém, e fim de papo!

**Quem tem TDAH pode ser uma pessoa satisfeita com a vida**

O tempo, para todos em torno do TDAH, precisa ser usado para carregar as baterias de nossas reservas emocionais. Muitas dificuldades surgem na vida de quem tem TDAH porque costumamos cumprir nossas tarefas com pouco dessa reserva emocional para nos defendermos de contratempos. Quando nos motivamos emocionalmente, ficamos mais resilientes e nos preparamos melhor para nos anteciparmos para novas missões da vida.

Busquemos, sempre que possível, ajuda profissional. Hoje em dia temos especialistas em inteligência emocional em várias plataformas, redes sociais e vídeos correlacionados.

Lembro agora da Paula, mulher de 30 anos que, ao iniciar seu tratamento, achava que não ia conseguir. Além de TDAH, ela tinha sintomas depressivos e se encontrava em completa exaustão, sem vontade para continuar. Era de se frustrar facilmente e se resignava. Medicada e em psicoterapia, começou a melhorar – e muito! – seu estado emocional. Sentia que seu potencial e sua inteligência reapareceram e trouxeram, enfim, vitórias pontuais com os primeiros ganhos de rendimento em seu trabalho. Resultado: promoções e melhora na sua qualidade de vida. As frustrações não a atingiam mais!

Cada um de nós tem uma personalidade diferente. **O TDAH pode influenciar negativamente, mas não mudar nossa personalidade para sempre.** Agora vou falar direto para quem tem TDAH, do mesmo modo como converso com meus pacientes: use sua personalidade para remodelar os efeitos que o TDAH causa em você e crie estratégias para combatê-los. Você é, por natureza, uma pessoa megassociável? Crie redes de amigos e de "parceiros" de vida que o ajudem a se lembrar melhor das coisas. Contribua de modo positivo em uma tarefa compartilhada e tome para si etapas dessa tarefa que provavelmente não sofrerão tanta influência dos sintomas. Viu só? Se você tem por perto alguém com TDAH, já sabe como começar a conversa e efetivamente ajudar.

Um paciente que tenho há mais de dez anos fez isto: no seu trabalho, para finalizar e atingir metas, ele criava momentos e atividades que podiam ser compartilhados em rede com outros colaboradores e tomava para si as etapas em que se sentia mais apto, onde teria as menores chances de fracasso. Grande exemplo. Usemos nossas características, as maiores motivações e nosso potencial a nosso favor. A meta é **minimizar** aquelas em que o espectro do TDAH pode afetar mais.

Atendo adultos com TDAH há muitos anos. Quando os entrevisto no consultório, vejo características que acabam moldando seus perfis no mercado de trabalho. Vários deles se tornaram profissionais empreendedores, diria até mesmo que é a maioria dos casos. São donos e patrões de si e não toleram ser comandados ou enquadrados por chefes. Se assim permanecessem, acabariam demitidos. Tendem a ser bons trabalhadores de campo e de rua, detectores de oportunidades e pioneiros em abrir novos mercados. Vivificam ideias, frutificam novas práticas, criam os próprios horários e gostam de se "enfiar" no trabalho com gosto e prazer! Podem, portanto, canalizar essas características para novos modelos de mercado e aproveitar positivamente as oportunidades.

> **Devemos dizer a quem tem TDAH que não tenha pressa em atingir logo o que quer. Incentive que valorize a evolução, o passo a passo!**

Isso pode servir como um treino cognitivo, não é mesmo? O que importa é vencer a "guerra" e não todas as batalhas no meio do caminho. Entretanto, a cada avanço, deve esforçar-se um pouco mais e esperar o momento certo para avançar. Quantas vezes qualquer um de nós ouviu os pais se vangloriarem do passado sofrido, cheio de contratempos e num contexto mais desfavorecido financeiramente que tiveram quando mais novos? Com certeza, naquelas circunstâncias, muitos deles pensaram em desistir, achando que nunca chegariam a lugar algum. Mas foi a filosofia do "um dia de cada vez" que os motivou a continuar, e cada pequena vitória era comemorada como se fosse um prêmio internacional, não é mesmo?

# A PESSOA É SEMPRE MAIS IMPORTANTE DO QUE O TRANSTORNO E DEVEMOS ENTENDER QUE O TDAH NÃO É A VIDA, MAS QUE A VIDA PODE ENVEREDAR POR GRAVES PROBLEMAS SE O TDAH NÃO FOR CONTROLADO.

## OS BONS CONSELHOS

A ciência tem revelado que atividades físicas aeróbicas regulares e boas práticas de alimentação e descanso trazem benefícios importantes de autorregulação, tanto mentais quanto físicas. Esses procedimentos são importantes para pessoas com TDAH pois contribuem para o desenvolvimento de uma mente mais tranquila, relaxada. O tempo da corrida pode ser usado para pensar, tomar pequenas decisões, lidar de forma mais comedida com aspectos positivos ou negativos do dia a dia. Sou testemunha do que essas atitudes têm trazido para minha mente e alimentado melhor minha atenção para decisões e relacionamentos.

Não devemos carregar tudo sozinhos! Saibamos distribuir tarefas. Ter uma conduta muito centralizadora não ajuda e sobrecarrega o cérebro com TDAH. Lembre-se de que muita coisa de cada vez predispõe ao erro, à desatenção, ao exagero e tem altos índices de desperdício de tempo e dinheiro.

Família e amigos devem ser envolvidos. Um outro paciente, com diagnóstico aos 50 anos, fez assim e fundou uma empresa familiar bem-sucedida. Ele transformou seus fracassos de outrora em uma bela oportunidade para si, sua família e sua carreira. Estimulou todos a estudarem e desenvolverem habilidades que foram importantes para o crescimento da empresa. E, ao mesmo tempo, destacou todos os integrantes da família. Mesmo com TDAH, ele agiu valorizando muito mais suas qualidades oriundas de sua personalidade, multiplicou suas possibilidades e envolveu outras pessoas que trouxeram as próprias habilidades, contribuindo para os objetivos que foram divididos entre todos.

O hiperfoco, tão característico de quem tem TDAH, deve ser usado a favor. Muitos medalhistas, empresários de sucesso, atores, CEOs, enfim, pessoas com carreiras de destaque que tem TDAH chegaram onde chegaram porque "hiperfocaram" intensamente em suas predileções e prazeres. Motivados pelo próprio gosto em determinada área, exerceram as suas atribuições preferidas por horas a fio, dia após dia, e obtiveram êxito. Dica importante: leiam, ouçam algumas dessas biografias, são trajetórias que podem servir de modelo e inspiração. Nessas histórias, não faltaram reveses, perdas, quase desistências, mas o "hiperfoco" favoreceu, estimulou esforços sobre-humanos, rumo à recuperação e a vitórias. Esses exemplos demonstram que o transtorno tem grande chance de ser derrotado.

    Cada pessoa tem uma história diferente e proporcional à realidade que recebe de seus pais. Cada um de nós tem a oportunidade de construir, devagar e bem cimentada, cada etapa e cada dia da vida. Isso é algo comum a todos nós e não adianta acelerar, pois o tempo é amigo da razão. Isso mesmo, o tempo. Os prazos devem contemplar processos realistas. Saiba que saber fazer devagar, seja o que for, aumenta a chance de dar certo. O autocontrole deve ser estimulado e treinado (a medicação ajuda muito!). Com certeza, esse é o maior desafio de quem tem TDAH.

    Estou como a olhar no espelho agora, a dizer algo que é também um om mantra para toda pessoa com TDAH:

> **Não caia nas armadilhas induzidas pelas tendências da atualidade e procure desacelerar, refletir melhor sobre momentos de decisão em sua vida e na vida de quem vive com você.**

    Em certas situações encontramos pessoas que percebem nossas fraquezas e nos induzem a "correr" para decidirmos o que mais interessa a elas e não a nós mesmos. Faça-as esperar e nunca decida na hora. Ninguém é obrigado! Saiba que nenhuma motivação em ter algo ou em ser alguém pode ser mais importante do que se dar o tempo necessário para se entender melhor, entender o contexto e decidir seu futuro.

    Agora me recordo da Rosa, de 40 anos. Ela sempre se viu às voltas com seus fracassos na adolescência, na escola, no casamento e nas empreitadas empresariais. Abrira duas lojas e fechara ambas, pois em nada conseguia perseverar nem planejar a longo prazo. Vinha sendo medicada com ansiolíticos e tivera, em várias ocasiões, recaídas depressivas.

Ao se deparar com meus vídeos sobre TDAH, se encontrou! Sempre desconfiou que pudesse ter alguma coisa, mas finalmente descobriu o que achava ter: problemas de atenção e muita impulsividade. Após o diagnóstico, com o tratamento em andamento, conseguia ver com clareza onde tinha errado, como poderia "renascer" e se livrar das amarras de seu passado. Suas experiências passadas serviam, agora, de alicerce para uma nova fase em sua vida. Ela pôde estudar, desenvolver novas habilidades, melhorar seus conhecimentos teóricos e se reintegrar ao mercado de trabalho. Enfim, passou a presenciar na sua vida o que é persistir, concluir etapas e, num crescendo, vencer obstáculos.

Em minha longa caminhada, fui testemunha diária de pais e professores que presenciaram a melhora do rendimento e os avanços na autoestima e na capacidade de memorização de crianças com as medidas certas de tratamento. Esses responsáveis celebraram a importância de descobrir o TDAH e, enfim, entender como ajudar filhos e alunos. Algumas dessas crianças, medicadas ou não, conseguiam resultados melhores apenas com as medidas de suporte escolar recomendadas e passaram a ver os desafios da escola com outros olhos. Os professores passaram a ser mais elogiados pelos alunos e os pais mais gratos por verem seus esforços recompensados pelo acolhimento empreendido pela escola. Lembrem-se: sempre que chegamos a um diagnóstico, transferimos as pressões para a luta contra o TDAH e aliviamos a criança, a qual passa a entender que não tinha culpa e pode comemorar uma nova fase junto à família!

Como podem ver, existem muitas informações produzidas e atualizadas sobre como descobrir o TDAH e as estratégias que a ciência e a medicina disponibilizam em todas as etapas da vida de quem tem o transtorno.

Este livro é mais do que um manual descritivo. Foi feito com carinho por quem viveu e vive com o TDAH todos os dias, e sabe na prática como diminuir seus efeitos. Eu desejo, assim, que cada pessoa com TDAH consiga alcançar seus objetivos e vença seus maiores obstáculos, da mesma forma que este que o escreve conseguiu.

**Quem tem TDAH pode ser uma pessoa satisfeita com a vida**

ESCALA SNAP-IV
https://tdah.org.br/wp-content/uploads/site/pdf/snap-iv.pdf

SKAMP
https://institutoneurosaber.com.br

ASSOCIAÇÃO BRASILEIRA DO DÉFICIT DE ATENÇÃO
http://www.tdah.org.br

PROTOCOLO DO REINO UNIDO SOBRE O DÉFICIT DE ATENÇÃO
www.nice.org.uk/guidance/ng87

Este livro foi impresso em papel pólen bold 70g
pela gráfica Terrapack em março de 2024.